확산 모델의 수학

KAKUSAN MODERU: DETA SEISEI GIJUTSU NO SURI

by Daisuke Okanohara

확산 모델의 수학

1판 1쇄 발행 2024년 7월 5일

지은이 오카노하라 다이스케
옮긴이 손민규
펴낸이 장성두
펴낸곳 주식회사 제이펍

출판신고 2009년 11월 10일 제406-2009-000087호
주소 경기도 파주시 회동길 159 3층 / **전화** 070-8201-9010 / **팩스** 02-6280-0405
홈페이지 www.jpub.kr / **투고** submit@jpub.kr / **독자문의** help@jpub.kr / **교재문의** textbook@jpub.kr

소통기획부 김정준, 이상복, 안수정, 박재인, 송영화, 김은미, 배인혜, 권유라, 나준섭
소통지원부 민지환, 이승환, 김정미, 서세원 / **디자인부** 이민숙, 최병찬

진행 이상복, 권유라 / **교정 · 교열** 김도윤 / **내지 디자인** 이민숙 / **내지 편집 및 표지 디자인** nu:n
용지 에스에이치페이퍼 / **인쇄** 한승문화사 / **제본** 일진제책사

ISBN 979-11-93926-44-4 (93000)
책값은 뒤표지에 있습니다.

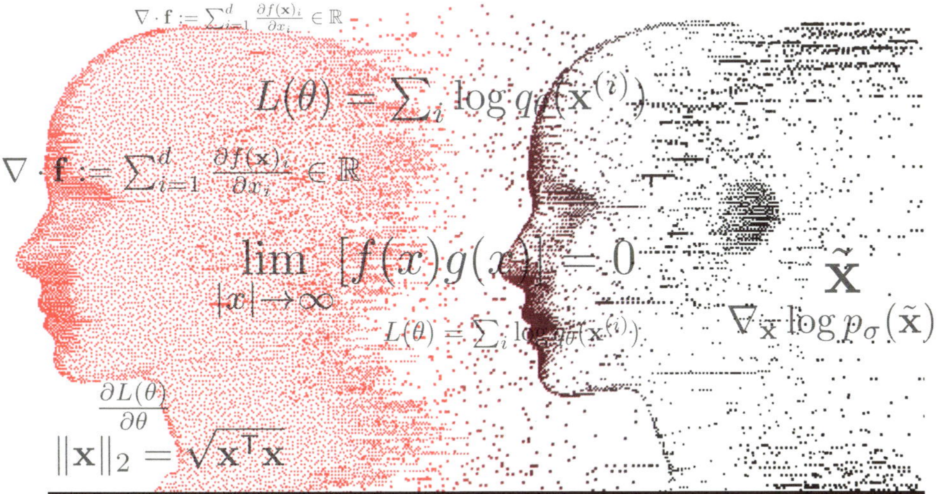

수학 증명과 알고리즘으로 이해하는 최첨단 데이터 생성 기술

확산 모델의 수학

오카노하라 다이스케 지음 **손민규** 옮김

Jpub 제이펍

※ 드리는 말씀

- 이 책에 기재된 내용을 기반으로 한 운용 결과에 대해 지은이/옮긴이, 소프트웨어 개발자 및 제공자, 제이펍 출판사는 일체의 책임을 지지 않으므로 양해 바랍니다.
- 이 책에 등장하는 각 회사명, 제품명은 일반적으로 각 회사의 등록상표 또는 상표입니다. 본문 중에는 ™, ©, ® 등의 기호를 생략했습니다.
- 이 책에서 소개한 URL 등은 시간이 지나면 변경될 수 있습니다.
- 책의 내용과 관련된 문의 사항은 옮긴이나 출판사로 연락해주시기 바랍니다.
  - 옮긴이: mingks@gmail.com
  - 출판사: help@jpub.kr

차 례

옮긴이 머리말

GAN 이후 이미지 생성 모델은 매우 빠르게 발전하고 있습니다. 확산 모델은 최근에 새롭게 등장한 생성 모델로, 기존 생성 모델보다 더 우수한 성능으로 데이터 생성의 새로운 가능성을 열어주는 혁신적인 기술로 주목받고 있습니다.

물리학에서 아이디어를 가져온 이 확산 모델은 다소 복잡한 수식이 등장하기 때문에 기존의 생성 모델들과 비교해서 생소한 부분들이 많아 이해하기 쉽지 않습니다.

데이터를 파괴하면서 생성 방법을 학습하는 독특한 아이디어로 어떻게 고품질의 데이터를 생성할 수 있는 걸까요? 이 책은 확산 모델의 기본적인 개념부터, 특성과 장점을 기존 생성 모델과 비교하며 설명함으로써, 이 모델이 어떻게 더 안정적이고 효율적으로 데이터를 생성하는지를 명확하게 알려줍니다. 기존 생성 모델과 대비하여 학습의 안정성 및 우도 추정의 간편함, 어려운 생성 문제를 단순화하는 능력, 조건부 생성의 유연성 등 여러 면에서 탁월한 점을 가지고 있음을 잘 설명하고 있습니다.

이 책을 통해 많은 사람들이 확산 모델을 깊이 이해하고, 다양한 가능성과 잠재력에 대해 흥미를 느꼈으면 좋겠습니다. 좋은 책을 소개해주신 제이펍 장성두 대표님께 감사드리며, 이 책이 나오기까지 도움을 주신 모든 분께 감사의 말씀을 드립니다.

손민규

추천사

오늘날 인공지능이라고 부르는 기술들의 원천은 하나부터 열까지 수학입니다. AI나 머신러닝 타이틀이 붙은 엔지니어나 학생이더라도 이 수학을 회피해서는 영원히 사용자의 입장을 벗어날 수 없습니다. 사용자 입장에 머물러서는 할 수 있는 것이 크게 제한됩니다.

이 책은 확산 모델의 수학에 관한 것이지만, 확산 모델의 수학은 오늘날의 인공지능 수학 전반을 아우를 수 있습니다. 한마디로 확산 모델의 수학을 클리어할 수 있다면, 인공지능 분야에서 만나게 될 어떤 수학도 충분히 파악할 수 있습니다.

가치 있는 수학책인 만큼, 저도 베타리딩 과정에서 수학과 번역 오류가 조금도 없도록 도왔습니다.

저자인 오카노하라 다이스케 씨는 AI의 이론과 실제, 그리고 경영 감각까지 갖춘, 달인이라는 표현이 부족하지 않은 실력자입니다. 일본을 대표하는 AI 유니콘 스타트업인 Preferred Networks의 공동 창업자이자 최고연구책임자chief executive researcher, CER로서 정력적으로 활동하는 분입니다. 한국에 잘 알려지지 않았다는 것이 아쉬운 분이죠. 이 분이 쓴 책들이 한국 AI 커뮤니티에 소개되기 시작하는 것은 반가운 일입니다.

오카노하라 다이스케 씨가 쓰는 저술의 큰 장점은, 해당 기술을 둘러싼 풍부한 맥락까지 제공한다는 점입니다. 어떤 발전 경로를 거쳐서 지금에 이르게 되었는지, 그리고 앞으로 어떤 궤적을 예상할 수 있는지를 베테랑의 감각으로 정확히 설명해줍니다. 말하자면 '좌표와 벡터'를 알 수 있게 해줍니다. 세상에 실력자들은 적지 않지만, 그런 글을 쓸 수 있는 실력자는 아주 적습니다.

조금만 공을 들여서 이 책을 읽으십시오. 인공지능 수학을 정면으로 맞닥뜨려 내 것으로 만들 수 있을 것입니다.

정원창, 머신러닝 엔지니어

머리말

확산 모델은 데이터를 생성하는 생성 모델의 하나로 주목받고 있다. 확산 모델은 높은 생성 품질과 다양성뿐만 아니라 지금까지의 생성 모델에는 없었던 높은 확장성으로 많은 분야에서 빠르게 사용되기 시작했다.

확산 모델을 이용한 대표적인 성과는 2022년에 등장한 DALL-E2나 Midjourney, Stable Diffusion일 것이다. 이 서비스/소프트웨어는 사용자가 지정한 텍스트에 대응하는 이미지를 생성한다. 이때 생성 대상뿐만 아니라 그 스타일이나 주제도 자유롭게 지정할 수 있다. 그래서 전 세계 수많은 사용자의 주목을 받고 있으며, 이미 많은 작품들이 생성되고 있다. 자연어로 표현할 수 있는 방대한 대상, 스타일, 주제에 대응하는 고품질 이미지를 생성할 수 있는 이 기술의 근간은 높은 잠재력을 가진 확산 모델이다.

확산 모델은 기존의 생성 모델과 비교해서 우수한 점이 많다. 첫 번째는 학습의 안정성이다. 확산 모델은 적대적 생성 모델(예를 들어 GAN)처럼 학습이 불안정하지 않고, 또한 변분오토인코더VAE처럼 인식 모델(인코더)과 생성 모델(디코더)을 동시에 학습시킬 필요 없이 하나의 모델로 안정된 우도 추정을 사용해서 학습한다. 두 번째는 어려운 생성 문제를 간단한 부분 생성 문제로 자동으로 분해해서 어려운 대상도 생성할 수 있다는 것이다. 확산 모델의 생성 과정은 많은 확률층을 사용하는 대단히 깊은 네트워크로 볼 수 있다. 확산 모델은 이 특징을 이용해서 생성 모델로는 처음으로 복잡한 동영상을 생성하는 학습에도 성공했다. 세 번째는 다양한 조건부 생성을 할 수 있다는 점이다. 가이던스라는 구조를 사용해서 조건을 추가할 수 있어 품질과 다양성 사이에서 트레이드오프를 통해 결과를 선택할 수 있다. 에너지 기반 모델도 이 특징을 가지고 있지만 학습이나 추론이 어려웠다. 확산 모델은 처음으로 구현된 대규모의 에너지 기반 모델이라고 할 수 있다. 네 번째는 생성할 때 대칭성과 불변성을 포함시킬 수 있다는 점이다. 이 세상의 여러 현상이나 데이터에서는 대칭성을 볼 수 있으며, 확산 모델을 사용하면 이런 대칭성을 만족시키는 생성 모델을 설계할 수 있다.

확산 모델은 데이터에 서서히 잡음을 추가해서 데이터를 완전한 잡음으로 변환시키는 확산 과정과, 그 확산 과정을 거꾸로 되돌아가는 역확산 과정에 의한 생성 과정으로 정의한다. 즉, 완전한 잡음으로부터 서서히 잡음을 제거하는 디노이징으로 데이터를 생성한다. 이렇게 확산 모델은 데이터를 파괴하면서 그 생성 방법을 학습하는 독특한 아이디어에 기반을 두고 있다.

확산 모델은 잠재변수 모델에 기반을 둔 생성 모델로 볼 수 있다. 잠재변수 기반 생성 모델은 먼저 잠재변수를 생성하고 그다음에 잠재변수로부터 관측 데이터를 생성한다. 확산 모델은 초기 잡음이나 잡음이 추가된 중간 단계의 데이터를 잠재변수로 본다.

잠재변수 모델은 학습할 때 관측 데이터를 이용해 그 데이터를 생성하는 잠재변수를 추정하며, 이 추정을 하는 것이 인식 모델이다. 일반적으로 생성 과정이 단순하더라도 관측 데이터에 대한 잠재변수의 사후확률분포는 복잡해지기 쉽기 때문에 생성 모델보다 인식 모델의 학습이 더 어렵다. 확산 모델은 학습할 필요가 없는 고정된 확산 과정을 인식 모델로 사용한다고 볼 수 있으며, 생성 모델만 학습한다. 또 확률분포가 망가져버리는 모드 붕괴가 발생하지 않고, 입력에 대응하는 임의의 단계의 잠재변수의 사후확률분포를 해석적으로 구할 수 있다는 우수한 성질을 가지고 있다.

확산 모델의 학습은 여러 크기의 잡음이 추가된 데이터로부터 추가된 잡음을 추정하는 디노이징 점수 매칭이라는 문제를 푸는 것으로 구현된다. 생성할 때는 이 추정된 잡음으로 디노이징해서 데이터를 생성한다.

한편, 로그 우도의 입력에 대한 기울기, 즉 로그 우도가 가장 급격히 증가하는 방향을 가리키는 벡터를 점수라고 한다. 그리고 이 책에서는 디노이징 점수 매칭으로 계산한 디노이징 벡터와 이 점수가 일치한다는 것을 살펴본다. 그리고 확산 모델은 다양한 크기의 잡음을 추가한 교란 후 분포상에서의 점수에 따라 데이터를 전이시키는 랑주뱅 몬테카를로 방법으로 데이터를 생성한다고 볼 수 있다.

확산 과정은 잡음을 추가하는 스텝을 극한까지 가늘게 쪼갠다면 확률미분방정식SDE으로 변환할 수 있고, 동일한 확률분포를 나타내는 상미분방정식ODE으로도 변환할 수 있다는 것을 살펴본다. 이렇게 하면 확산 모델은 SDE, ODE 분야에서 발전된 다양한 이론과 방법을 사용할 수 있다. 예를 들어서 ODE로 변환하면 확산 모델은 데이터 분포로부터 잡음 분포로의 변환을 결정론적 과정인 가역 변환으로 볼 수 있게 된다. 이렇게 하면 데이터의 로그 우도를 불편추정할 수 있고 데이터의 잠재 표현을 얻을 수 있다.

확산 모델의 역사는 짧다. 2015년 Jascha Sohl-Dickstein 등이 확산 모델의 최초 아이디어를 발표했다. 비평형 열역학에 근거한 방법으로, 완전히 새로운 접근이었다. 그러나 당시에는 GAN과 VAE가 크게 성공하기 시작했고 확산 모델의 생성 품질도 충분하지 않아서 한동안 주목받지 못했다.

2019년에 Yang Song이 점수를 사용하는 생성 모델인 점수 기반 모델을 제안했고, 그 모델은 데이터에 다양한 크기의 잡음을 추가한 여러 개의 교란 후 분포상의 점수를 조합해서 품질이 높은 데이터를 생성할 수 있다는 것을 보였다. 2020년에 Jonathan Ho 등은 확산 모델과 점수 기반 모델을 디노이징 점수 매칭 틀 안에서 함께 다룰 수 있으며 디노이징에 사용하는 모델(신경망 구조)을 연구해서 다른 생성 모델에 필적하는 생성 품질을 달성할 수 있다는 것을 보였다.

그리고 2021년에는 확산 모델의 SDE화나 ODE화가 등장했다. 또 실제로 적용할 때 중요한 조건부 생성이 등장했다. 이런 발전으로 확산 모델의 우수한 점이 주목되고 이미지, 음성, 점군, 화합물 생성 등 많은 문제에 확산 모델이 급격히 사용되었다. 또 생성 외에도 보완이나 편집, 초해상, 데이터 압축, 적대적 섭동에 대한 강건성 향상 등에도 기존 방법을 능가하는 성능을 달성할 수 있다는 것이 알려져서 폭발적으로 활용 범위가 넓어졌다.

이 책에서는 확산 모델의 기본적인 개념부터 그 발전 과정과 응용 사례를 설명한다. 이 책에서는 확산 모델의 개념이나 수리적인 구조에 주목해서 설명하지만, 발전의 중요한 축인 딥러닝이나 신경망에 대해서는 자세히 다루지 않는다. 이에 관해서는 다른 문헌[1][2] 등을 참고하자.

이 책을 통해서 생성 모델의 가능성에 흥미를 느끼게 되기를 바란다.

이 책을 시작하기에 앞서, 확산 모델이나 그 관련 기술의 연구개발과 실용화에 힘쓰는 연구원, 엔지니어분들에게 감사를 드린다. 또 이 책의 초기 원고를 읽고 의견을 주신 Preferred Networks의 다음 동료들에게 감사드린다. 井形秀吉, 石黒勝彦, いもす, 菊池悠太, 小寺正明, 小林楓介, 小山雅典, 高木士, 中鉢魁三郎, 永尾学, 中郷孝祐, 西村亮彦, 林亮秀, 日暮大輝, 平松淳, 三上裕明, 宮戸岳, 森山拓郎, 山川要一. 마지막으로 이 책의 완성을 도와주신 이와나미쇼텐岩波書店의 다나카 다로田中 太郎에게 감사를 드린다.

오카노하라 다이스케

기호 일람

- $\mathbf{x} \in \mathbb{R}^d$: d차원 실수 벡터
- $x_i \in \mathbb{R}$: 벡터의 i차원째의 성분. 실수
- $D = \{\mathbf{x}^{(1)}, \mathbf{x}^{(2)}, ..., \mathbf{x}^{(N)}\}$: 훈련 데이터 집합
- $\mathbf{x}^{(i)}$: i번째 훈련 데이터
- $p(\mathbf{x})$: 목표 확률분포
- $q_\theta(\mathbf{x}) = \exp(-f(\mathbf{x}; \theta))/Z(\theta)$: 매개변수가 θ인 확률 모델
- $f(\mathbf{x}; \theta)$: 에너지 함수
- $Z(\theta)$: 정규화 함수, 분배함수
- $\nabla = \left(\frac{\partial}{\partial x_1}, \frac{\partial}{\partial x_2}, \ldots, \frac{\partial}{\partial x_m}\right)$: 나블라 연산자
- $\nabla f(\mathbf{x}) := \left(\frac{\partial f(\mathbf{x})}{\partial x_1}, \frac{\partial f(\mathbf{x})}{\partial x_2}, \ldots, \frac{\partial f(\mathbf{x})}{\partial x_m}\right) \in \mathbb{R}^d$: 함수 f의 기울기
- $\nabla \cdot \mathbf{f} := \sum_{i=1}^{d} \frac{\partial f(\mathbf{x})_i}{\partial x_i} \in \mathbb{R}$: 벡터 $\mathbf{f}$의 발산
- $\mathbf{s}(\mathbf{x}) := \nabla_{\mathrm{x}} \log p(\mathbf{x})$: 확률분포 p의 점수
- $\mathbf{I}$: 단위행렬(행렬의 크기는 그 식에 맞춤)
- $\mathbf{0}$: 모든 요소가 0인 벡터
- $\mathbf{u}$: 표본을 추출할 때 사용하는 잡음
- ϵ: 변수변환할 때 사용하는 잡음. 섭동
- $\mathcal{N}(\mathbf{x}; \mu, \sigma^2\mathbf{I})$: 확률변수가 $\mathbf{x}$, 평균이 μ, 공분산행렬이 $\sigma^2\mathbf{I}$인 정규분포. 확률변수가 문맥에서 확실하게 이해될 경우에는 생략해서 $\mathcal{N}(\mathbf{x}; \mu, \sigma^2\mathbf{I})$로 표시
- 이 책에서는 놈 $\|\mathbf{x}\|$은 특별히 언급하지 않는 한 L_2 놈 $\|\mathbf{x}\|_2 = \sqrt{\mathbf{x}^\top\mathbf{x}}$로 정의한다.

CHAPTER 1

생성 모델

이 장에서는 먼저 생성 모델이란 무엇인가를 설명한다. 특히 고차원 데이터 생성 모델의 학습과 표본을 추출할 때의 어려움에 관해서 설명한다. 그리고 로그 우도의 기울기인 점수를 사용해서 이 문제를 해결하는 것을 살펴본다. 마지막으로는 디노이징 점수 매칭을 사용해서 훈련 데이터로부터 점수를 효율적으로 계산하는 것을 알아본다.

1.1 생성 모델이란 무엇인가

먼저 확산 모델을 포함하는 일반적인 생성 모델에 관해서 알아보자.

생성 모델이란 목표 도메인의 데이터를 생성하는 모델을 말한다. 그리고 몇몇 생성 모델은 주어진 데이터 $\mathbf{x}$의 우도 $p(\mathbf{x})$를 평가할 수도 있다. 데이터가 어떻게 생성되는지 이해하는 것은 그 데이터를 이해하는 효과적인 방법의 하나이며, 또한 데이터를 자유롭게 생성할 수 있다면 많은 애플리케이션에 도움이 된다. 그래서 오래전부터 생성 모델에 관해 많은 연구가 이루어져왔다.

이 책에서는 생성 모델을 데이터로부터 학습한다는 문제로 생각한다. 훈련 데이터로는 N개의 데이터 $D = \{\mathbf{x}^{(1)}, ..., \mathbf{x}^{(N)}\}$가 있으며 이것은 $p(\mathbf{x})$라는 미지의 확률분포로부터 서로 독립적으로 추출된 것이라고 하자. 이 책에서는 $\mathbf{x}$와 같은 소문자 굵은 글씨는 벡터를 나타낸다. 또 위첨자가 붙은 $\mathbf{x}^{(i)} \in \mathbb{R}^d$는 d차원 벡터인 i번째 데이터를 나타내고 아래첨자가 붙은 $x_i \in \mathbb{R}$은 $\mathbf{x}$의 i차원째의 성분을 나타낸다.

생성 모델은 $q_\theta(\mathbf{x})$라는 확률분포를 가지며 이 분포에 따라 데이터를 추출한다. 이 분포에 따라 데이터를 추출하는 조작을 $\mathbf{x} \sim q_\theta(\mathbf{x})$로 쓰기로 한다. 매개변수 θ는 확률분포의 특징을 나타내며, 예를 들어 생성 모델을 신경망으로 구현하는 경우에는 신경망의 매개변수를 가리킨다. 생성 모델의 학습 목표는 목표 확률분포 $p(\mathbf{x})$와 가능한 한 가까운 확률분포 $q_\theta(\mathbf{x})$를 갖는 생성 모델을 획득하는 것이다(그림 1.1). 확률분포 간의 닮음 지표로는 KL 다이버전스나 최적운송거리(와서스타인 거리 등)를 사용한다.

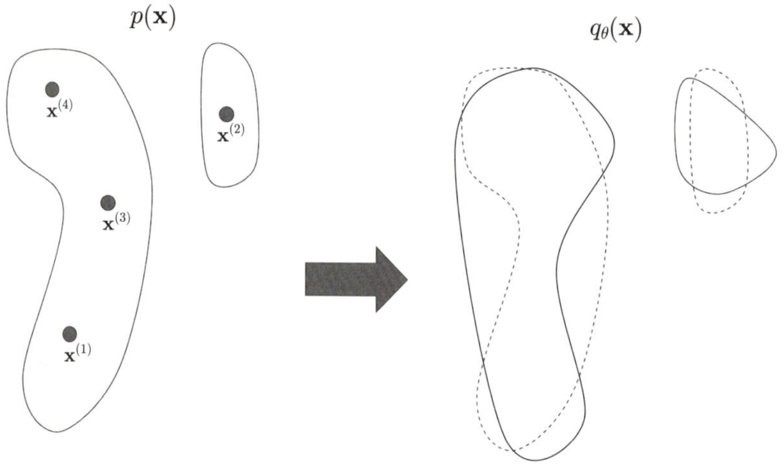

미지의 확률분포 $p(\mathbf{x})$에서 훈련 데이터 $D = \{\mathbf{x}^{(1)}, \mathbf{x}^{(2)}, \mathbf{x}^{(3)}, \mathbf{x}^{(4)}\}$가 추출되었을 때, 이 데이터를 이용해서 $p(\mathbf{x})$와 가까운 확률분포 $q_\theta(\mathbf{x})$를 학습하는 것이 목표다.

그림 1.1

이 책에서는 특히 이미지, 음성, 텍스트, 동영상, 시계열, 점군, 화합물 데이터와 같은 고차원 데이터 생성 모델을 대상으로 한다. 이 책에서 이런 고차원 데이터는 $\mathbf{x} \in \mathbb{R}^d$와 같이 벡터로 표시하며, 생성 대상은 벡터 이외에도 고정된 길이를 갖지 않는 시퀀스나 그래프 같은 구조도 포함한다.

또 동시 확률 $p(\mathbf{x}, \mathbf{c})$나 조건부확률 $p(\mathbf{x}|\mathbf{c})$를 따르는 생성 모델도 살펴본다. 예를 들어

텍스트 t에 대응하는 이미지 $\mathbf{x}$를 생성하는 문제는 $p(\mathbf{x}|t)$라는 조건부확률을 이용하는 생성 문제로 볼 수 있다. 이런 조건부확률을 따르는 생성(조건부 생성) 덕분에 생성 모델의 사용은 비약적으로 확대되었다. 조건을 통해 어떤 데이터를 생성할 것인지, 어떤 제약을 둘 것인지를 지정할 수 있기 때문이다. 예를 들어서 텍스트를 조건으로 이미지나 음성, 동영상을 생성하고 단백질을 조건으로 그것과 결합 가능성이 있는 화합물을 생성하는 것도 가능하다. 그래서 실제 응용에서는 조건이 없는 생성보다 조건부 생성을 사용하는 것이 일반적이다.

입력으로부터 출력을 예측하는 문제도 입력을 조건으로 하는 출력의 조건부확률 $p(y|\mathbf{x})$로 모델링할 수 있다. 일반적으로 이런 문제는 결정론적 함수 $y = f(\mathbf{x})$로 모델링하는 경우가 많지만, 조건부확률로 모델링하면 출력에 여러 가지 가능성이 있는 경우도 자연스럽게 다룰 수 있다.

예를 들어서 흑백 이미지에 색을 입히는 채색 문제의 경우에 흑백 이미지에 모순 없이 대응하는 컬러 이미지(색상)는 무수히 많이 존재한다(그림 1.2). 결정론적 함수를 사용해서 학습할 때는 이런 다양성을 모델링하는 것은 쉽지 않지만, 조건부 생성 모델은 이런 채색의 다양성을 자연스럽게 다룰 수 있다. 이 경우에 표본을 추출할 때마다 다른 컬러 이미지를 생성할 수 있다.

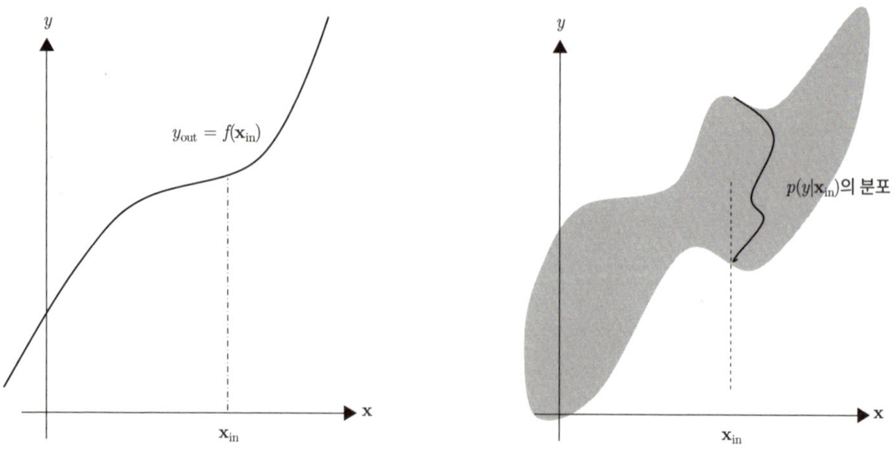

하나의 $\mathbf{x}_{\text{in}}$에 대해 하나의 $y_{\text{out}} = f(\mathbf{x}_{\text{in}})$이 결정된다.

하나의 $\mathbf{x}_{\text{in}}$에 대해 여러 개의 $y_{\text{out}} \sim p(y|\mathbf{x}_{\text{in}})$이 대응한다.

예를 들면 흑백 이미지로부터 컬러 이미지를 예측하는 경우는 $\mathbf{x}_{\text{in}}$이 흑백 이미지에 y_{out}이 컬러 이미지에 대응하고, 오른쪽 그림과 같이 하나의 흑백 이미지에 대응하는 컬러 이미지는 무수히 많이 존재한다.

그림 1.2

또한 텍스트에 대응하는 이미지나 저해상도 이미지에 대응하는 고해상도 이미지도 무수히 존재하며 이런 문제도 조건부확률을 이용한 생성 모델을 사용하면 자연스럽게 나타낼 수 있다.

1.2 에너지 기반 모델과 분배함수

일반적으로 데이터 $\mathbf{x} \in X$의 생성 모델의 확률분포 $q_\theta(\mathbf{x})$는 다음과 같다.

$$q_\theta(\mathbf{x}) = \gamma_\theta(\mathbf{x})/Z(\theta)$$

$$Z(\theta) = \int_{\mathbf{x}' \in X} \gamma_\theta(\mathbf{x}')\mathrm{d}\mathbf{x}'$$

여기서 비음수 함수 $\gamma_\theta(\mathbf{x}) \geq 0$를 비정규화 확률밀도함수라고 한다. 또 $Z(\theta) > 0$는 정규화 상수 또는 매개변수를 입력으로 받는 분배함수라고 한다. 분배함수 $Z(\theta)$는 존재할 수 있는 모든 데이터 $\mathbf{x}' \in X$에 대해 적분한 값이며, $q_\theta(\mathbf{x})$가 확률밀도가 되는 조건인

$q_\theta(\mathbf{x})$의 데이터 전체에 대한 적분이 1이 되도록 하는 역할을 한다.

분배함수는 존재할 수 있는 모든 데이터를 적분해야 하므로 일반적으로는 계산하기 어렵다. 분배함수는 데이터 공간의 모든 정보를 가지고 있다고 말할 수 있다.

또한 통계역학과의 연관성에서 비정규화 확률밀도함수를 에너지 함수 $f(\mathbf{x};\ \theta)$: $\mathbb{R}^d \to \mathbb{R}$를 사용해서 $\gamma_\theta(\mathbf{x}) = \exp(-f_\theta(\mathbf{x}))$로 나타낸 확률 모델을 에너지 기반 모델이라고 한다. 에너지 함수에는 음수 제약이 없으며 임의의 실숫값을 가진다.

$$q_\theta(\mathbf{x}) = \exp(-f_\theta(\mathbf{x}))/Z(\theta)$$

$$Z(\theta) = \int_{\mathbf{x}' \in X} \exp(-f_\theta(\mathbf{x}'))\mathrm{d}\mathbf{x}'$$

여기서, 에너지 $f_\theta(\mathbf{x})$가 작은 값이라면 그 데이터 $\mathbf{x}$는 출현하기 쉽다는 것을 나타내고 반대로 큰 값이라면 그 데이터는 출현하기 어렵다는 것을 나타낸다.

이 책에서 자세히 다루지는 않겠지만 에너지 기반 모델은 통계역학의 정준분포, 깁스 분포와 같은 형태이다(온도나 볼츠만 상수 등은 생략되어 있다). 또한 분배함수를 이용해서 데이터 전체의 여러가지 통계량을 계산할 수 있다.

이 두 모델(확률 모델과 에너지 기반 모델)은 표시 방법이 다를 뿐 같은 모델을 가리키며, 이제부터는 확률분포는 다루기 쉬운 에너지 기반 모델로 표현한다.

에너지 기반 모델은 차원 간의 임의의 관계를 에너지 함수 내에서 자유롭게 기술할 수 있으므로 강력하다. 에너지 함수는 확률분포로서의 제약이 특별히 없으므로 자유로운 값을 가질 수 있다.

모델링의 자유도를 얻었지만 그 대가로 분배함수를 계산해야 한다. 관점을 바꾸면 확률분포의 제약을 모두 분배함수에 전가했다고 말할 수 있다. 입력 데이터 $\mathbf{x}$가 고차원 또는 연속변수인 경우, 에너지 함수나 분배함수가 특별한 성질을 가지고 있지 않은 한 분배함수의 값이나 기울기를 효율적으로 구하는 것은 어렵다.

에너지 기반 모델의 또 다른 특징인 구성성composability에 관해서 설명한다. 두 개의 에너지 $f_1(\mathbf{x})$, $f_2(\mathbf{x})$가 주어지고, 이것들로부터 얻은 확률분포를 $q_1(\mathbf{x})$, $q_2(\mathbf{x})$라고 하자. 이때 두 에너지의 합 $f(\mathbf{x}) = f_1(\mathbf{x}) + f_2(\mathbf{x})$을 에너지로 하는 에너지 기반 모델의 확률분포 $q(\mathbf{x})$는

$$
\begin{aligned}
q(\mathbf{x}) &\propto \exp\left(-f_1(\mathbf{x}) - f_2(\mathbf{x})\right) \\
&= \exp(-f_1(\mathbf{x}))\exp(-f_2(\mathbf{x})) \\
&\propto q_1(\mathbf{x})q_2(\mathbf{x})
\end{aligned}
$$

가 된다. 에너지를 더하면 두 개의 확률분포의 곱에 비례하는 확률분포를 얻을 수 있다. 즉 각각의 확률이 큰 영역의 교집합을 결과로 준다. 각각의 확률 모델이 어떠한 제약이나 특성을 가진 분포라면 양쪽의 제약이나 특성을 모두 갖는 모델을 간단하게 만들 수 있다.

1.3 학습 방법

다음은 생성 모델의 학습 방법을 설명한다. 생성 모델의 학습 방법은 크게 두 가지로 나눌 수 있다.

첫 번째는 우도 기반 모델이라고 부르는 방법이다(그림 1.3). 주어진 데이터 $\mathbf{x}$의 생성확률 $q_\theta(\mathbf{x})$를 우도likelihood라고 한다. 우도 기반 모델은 훈련 데이터의 우도가 최댓값이 되도록 매개변수를 추정한다. 이런 추정을 최대우도추정이라고 한다.

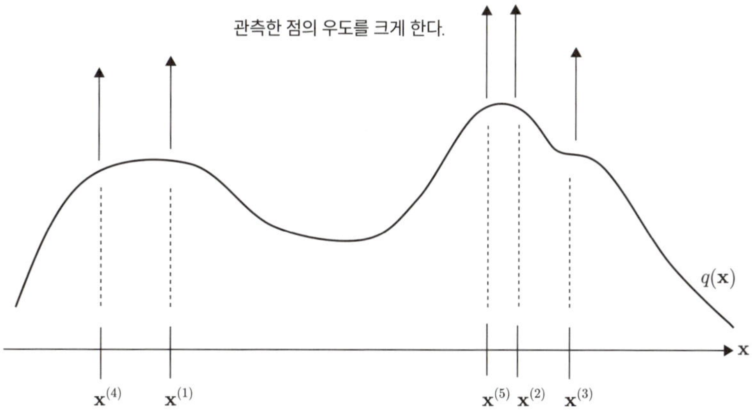

우도 기반 모델에서는 로그 우도 $L(\theta) = \sum_i \log q_\theta(\mathbf{x}^{(i)})$를 최대화하는 매개변수 θ^*_{ML}를 구하는 방법을 최대우도추정이라고 한다.

그림 1.3

훈련 데이터 집합 $D = \{\mathbf{x}^{(1)}, ..., \mathbf{x}^{(N)}\}$의 우도는 데이터를 서로 독립적으로 추출했기 때문에 각 데이터의 우도의 곱으로 정의한다.

$$q_\theta(D) = \prod_i q_\theta(\mathbf{x}^{(i)})$$

최적화 문제로 다루기 쉽게 로그를 취한 로그 우도 $L(\theta)$는

$$L(\theta) = \frac{1}{N} \log q_\theta(D) = \frac{1}{N} \sum_i \log q_\theta(\mathbf{x}^{(i)})$$

로 정의된다. 최대우도추정은 로그 우도가 최대가 되는 매개변수 θ^*_{ML}를 구해서 매개변수를 추정한다.

$$\theta^*_{\mathrm{ML}} := \arg\max_\theta L(\theta)$$

변분오토인코더variational autoencoder, VAE, 자기회귀 모델, 정규화 플로flow 모델, 에너지 기반 모델과 같은 생성 모델이 우도 기반 모델이다.

에너지 기반 모델의 최대우도추정은 훈련 데이터의 로그 우도의 합인 다음 목적함수 $L(\theta)$를 최대화하는 것이다.

$$
\begin{aligned}
L(\theta) &= \frac{1}{N}\sum_{i=1}^{N}\log q_\theta(\mathbf{x}^{(i)}) \\
&= -\frac{1}{N}\sum_{i=1}^{N}\left[f_\theta(\mathbf{x}^{(i)})\right] - \log Z(\theta) \\
&= -\frac{1}{N}\sum_{i=1}^{N}\left[f_\theta(\mathbf{x}^{(i)})\right] - \log\int_{\mathbf{x}'\in X}\exp(-f_\theta(\mathbf{x}'))\mathrm{d}\mathbf{x}'
\end{aligned}
$$

즉 에너지 기반 모델의 최대우도추정은 첫 번째 항을 통해서 훈련 데이터 위치의 에너지를 낮게 하고 두 번째 항을 통해서 그 외의 모든 위치의 에너지를 높게 하는 매개변수를 구하는 것을 의미한다(그림 1.4).

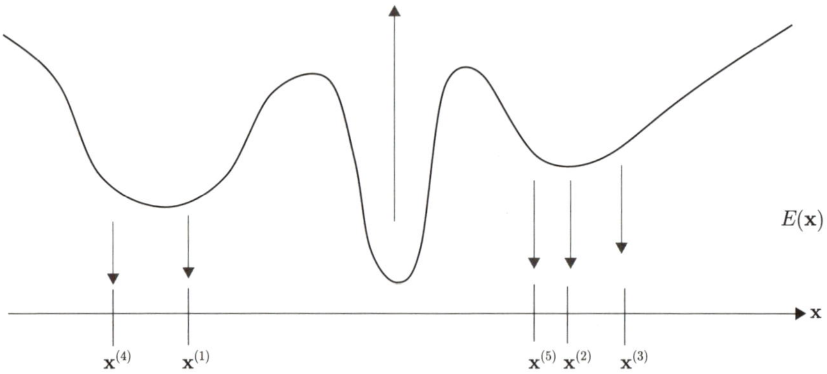

에너지 기반 모델의 학습은 관측점 주변의 에너지 $E(\mathbf{x})$를 낮추고, (무수히 많은) 관측하지 않은 점의 에너지를 높게 하는 것이다. 무수히 많은 관측하지 않은 데이터들의 에너지의 합인 분배함수 $Z(\theta)$를 계산하는 것과 그 기울기를 구하는 것이 일반적으로는 어렵다.

그림 1.4

특히 고차원인 경우에 첫 번째 항만을 고려하여 훈련 데이터 위치의 에너지가 낮아지도록(확률이 커지도록) 매개변수를 변경한다면, 훈련 데이터 외에도 의도치 않게 에너지가 낮아지게 되는 위치가 무수히 많이 발생하게 된다. 그렇게 되면, 해당 위치에 실제로는 존재하지 않는 데이터가 생성되게 된다. 한편, 두 번째 항을 고려한다고 하더라도 수많은 위치의 에너지를 고려하여 매개변수를 변경하기는 어렵다.

이 점을 자세히 살펴보기 위해서 로그 우도가 가장 급격히 증가하는 방향인 기울기 $\frac{\partial L(\theta)}{\partial \theta}$를 구하고 그 방향으로 매개변수를 조금씩 갱신하는 경사상승법을 사용해서 최적화하는 방법을 생각해보자. 이 경우 기울기는 다음과 같이 구할 수 있다.

$$\begin{aligned}\frac{\partial L(\theta)}{\partial \theta} &= -\frac{1}{N}\sum_{i=1}^{N}\left[\frac{\partial f_\theta(\mathbf{x}^{(i)})}{\partial \theta}\right] - \frac{\partial}{\partial \theta}\log Z(\theta)\\ &= -\frac{1}{N}\sum_{i=1}^{N}\left[\frac{\partial f_\theta(\mathbf{x}^{(i)})}{\partial \theta}\right] - \frac{1}{Z(\theta)}\int -\frac{\partial f_\theta(\mathbf{x})}{\partial \theta}\exp(-f_\theta(\mathbf{x}))\mathrm{d}\mathbf{x}\\ &= -\frac{1}{N}\sum_{i=1}^{N}\left[\frac{\partial f_\theta(\mathbf{x}^{(i)})}{\partial \theta}\right] + \mathbb{E}_{\mathbf{x}\sim q_\theta(\mathbf{x})}\left[\frac{\partial f_\theta(\mathbf{x})}{\partial \theta}\right]\end{aligned}$$

이렇게 기울기는 훈련 데이터의 에너지에서 계산한 기울기의 평균값과 현재 생성 모델의 확률분포에서 기댓값을 계산한 에너지의 기울기로 표현할 수 있다. 두 번째 항에서 생성 모델상의 기댓값을 계산하는 것은 쉽지 않다. 예를 들어 생성 모델을 따르는 데이터를 여러 개 추출하고 이들의 평균으로 기댓값을 추정하는 몬테카를로 샘플링을 이용하면, 두 번째 항의 불편추정량을 계산할 수 있다. 그러나 매번 표본을 추출하는 데에는 시간이 걸리며 추정된 분산이 커진다. 이렇게 분배함수를 사용하는 경우에 기울기를 직접 추정해서 학습하기는 일반적으로는 어렵다.

생성 모델의 학습 방법 중의 두 번째는 암묵적 생성 모델이라고 부른다. 암묵적 생성 모델은 표본추출 과정에 의해 확률분포가 암묵적으로 표현되는 모델로 우도가 명시적으로는 구해지지 않는다. 예를 들어 정규분포로부터 추출된 잠재변수를 신경망과 같은 결정론적 함수로 변환해서 얻어진 분포로 확률분포를 표현한다. 이런 분포는 결정론적 함수를 통해 뽑아낸 push-forward 분포라고 불린다. 대표적인 방법은 적대적 생성 모델(GAN 등)이 있다(그림 1.5). 적대적 생성 모델은 주어진 데이터가 훈련 데이터인지 생성 모델에게서 나온 것인지를 분류하는 분류 모델도 함께 학습하면서 생성 모델은 분류 모델을 속이고 분류 모델은 생성 모델에 속지 않도록 서로 경쟁하면서 학습한다.

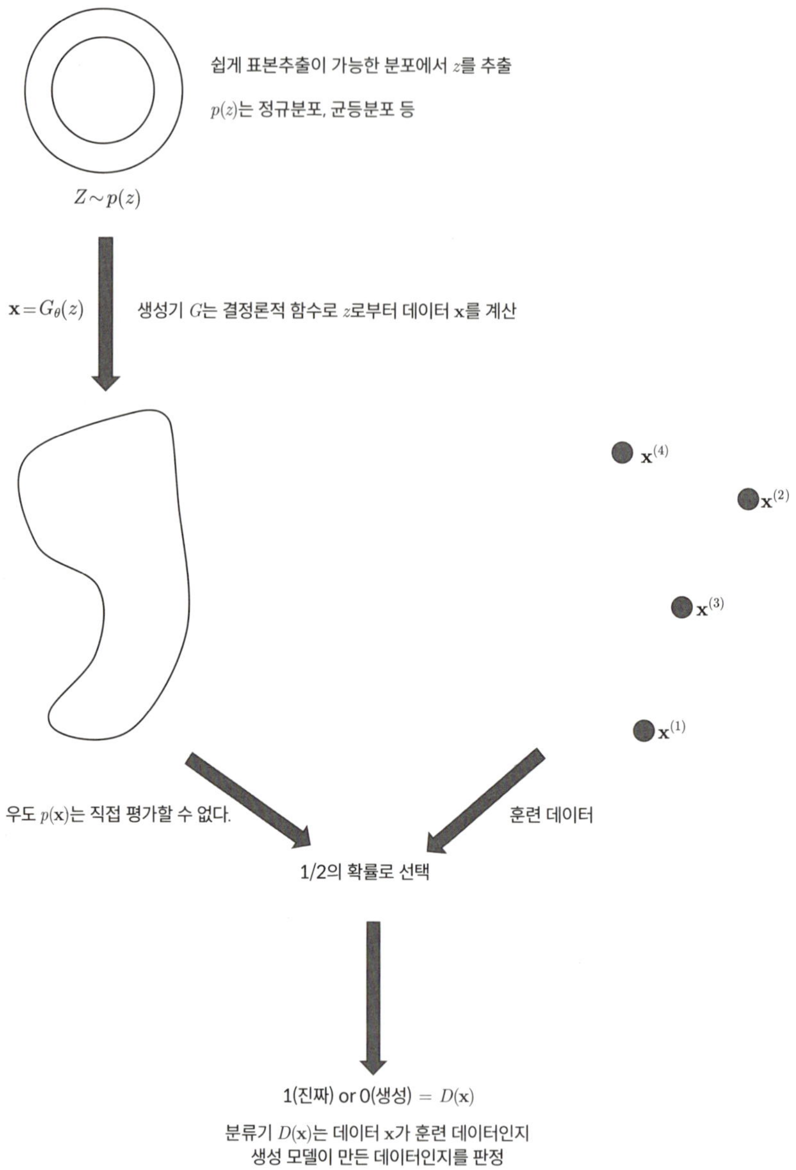

적대적 생성 모델은 생성기 G와 분류기 D가 경쟁하면서 생성기는 분류기를 속이고, 분류기는 생성기에 속지 않도록 학습한다. 최종적으로 생성기는 훈련 데이터와 꼭 닮은 데이터를 생성할 수 있게 된다.

그림 1.5

이 두가지 접근법에는 각각 다음과 같은 장단점이 있다.

우도 기반 모델은 로그 우도를 목적함수로 하는 안정적인 최적화 문제로 학습할 수 있다. 그리고 학습이 어느 정도 진행되고 있는지를 훈련 데이터나 평가 데이터의 우도를 사용해서 평가할 수 있다. 반면 우도나 기울기를 계산하기 위해서는 분배함수(정규화항)가 필요하다. 표현력이 높은 생성 모델은 이 정규화항이나 그 기울기를 계산하는 계산량이 매우 커서 곤란하다.

암묵적 생성 모델은 이것과는 반대 특징을 가진다. 생성 모델과 분류 모델이 경쟁하면서 학습해야 하므로 학습이 불안정해지기 쉽다. 또, 학습이 어느 정도 진행되고 있는지를 나타내는 지표가 없기 때문에 생성한 데이터를 사람이 눈으로 확인하면서 학습의 진척을 확인해야 한다. 하지만 분배함수를 명시적으로 다룰 필요가 없으므로 높은 표현력을 가진 모델을 생성에 사용할 수 있다.

또한 우도 기반 모델과 암묵적 생성 모델은 각각 다른 KL 다이버전스 최소화 문제로 볼 수 있고, 구해진 생성분포도 거기에 맞는 서로 다른 특징을 가진다.

확률분포 $p(\mathbf{x})$로부터 $q(\mathbf{x})$로의 KL 다이버전스는

$$D_{\mathrm{KL}}(p \| q) := \int_x p(x) \log \frac{p(x)}{q(x)} \mathrm{d}x$$

로 정의된다. KL 다이버전스는 두 개의 확률분포가 일치하는 경우에만 0이고, 그 외에는 0보다 큰 값을 가진다. 또 두 확률분포가 유사하지 않을수록 큰 양의 값을 가지는 확률분포 간의 거리 같은 성질(정확하게는 거리의 제곱에 해당하는 성질)이 있다.

최대우도추정은 $D_{\mathrm{KL}}(p \| q)$ 최소화 문제이며 $p(\mathbf{x})/q(\mathbf{x})$라는 항이 등장한다. 이 경우에 $p(\mathbf{x}) > 0$의 영역에서 $q(\mathbf{x})$가 작다면 큰 페널티가 생기기 때문에 모델은 가능한 모든 모드(확률분포의 산 모양)를 포함하도록 학습한다. 그러나 모드가 아닌 부분도 생성해버린다(그림 1.6 (a)).

이와는 반대로 암묵적 생성 모델은 역KL 다이버전스 $D_{\mathrm{KL}}(q\|p)$ 최소화 문제이며 $q(\mathbf{x})/p(\mathbf{x})$라는 항이 등장한다. 정확하게는 다음과 같이 정의되는 옌센-섀넌Jensen-Shannon 다이버전스의 최소화 문제로 볼 수 있다.

$$D_{\mathrm{JS}}(p\|q) = \frac{1}{2}D_{\mathrm{KL}}(p\|\frac{1}{2}(p+q)) + \frac{1}{2}D_{\mathrm{KL}}(q\|\frac{1}{2}(p+q))$$

이 경우 $q(\mathbf{x}) > 0$의 영역에서 $p(\mathbf{x})$가 작으면 큰 페널티가 생기기 때문에, 목표 분포의 일부 데이터만 학습하기 쉽다. 이런 경우에는 각 모드는 정확하게 모델링할 수 있지만, 일부의 모드만 생성하도록 학습이 진행된다. 이렇게 모드가 일부분에 집중되고 찌그러져버리는 것을 모드 붕괴라고 한다. 역KL 다이버전스 최소화의 경우는 모드 붕괴가 일어나기 쉽다(그림 1.6 (b)).

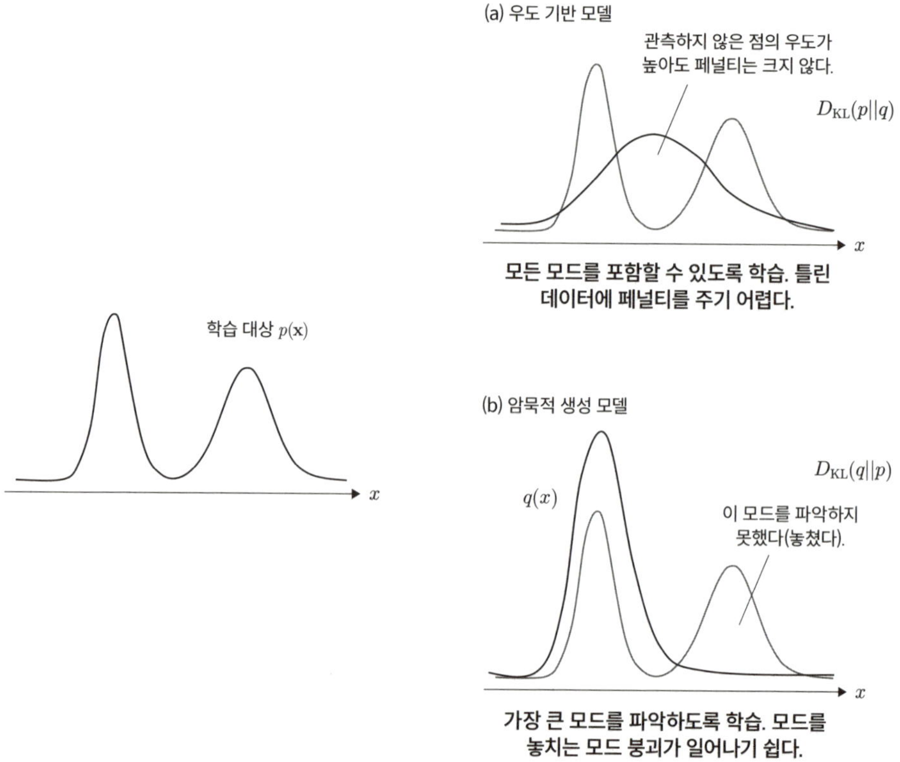

그림 1.6

이 책에서 다루는 확산 모델은 우도 기반 모델이기 때문에 모드 붕괴가 발생하기 어려우며 계산이 곤란한 정규화 항의 계산을 회피할 수 있다는 것을 살펴보자.

1.4 고차원에서의 다봉분포 데이터 생성의 어려움

우리가 흥미를 느끼는 이 세상의 대부분 데이터는 고차원 데이터이다. 예를 들어 이미지, 음성, 동영상, 화합물, 시계열, 텍스트와 같은 데이터는 수만 차원에서 수억 차원에 이르는 매우 고차원의 데이터이다.

이런 고차원 데이터는 차원 간에 복잡한 상관관계를 가지기 때문에 이것을 모델링하는 것은 쉽지 않다. 고차원 데이터를 표현할 수 있는 생성 모델을 나타내는 에너지 함수 $f_\theta(\mathbf{x})$는 입력 차원 간의 복잡하고 비선형인 관계를 다룰 수 있도록, 신경망과 같이 매개변수를 많이 가진 강력한 모델이 필요하다.

한편 우도 평가나 최대우도추정을 하기 위해서는 분배함수 $Z(\theta)$와 그 기울기 $\nabla_\theta Z(\theta)$를 계산해야 한다. 그러나 입력 데이터가 고차원이면 계산이 양적으로 불가능하다.

이런 분배함수의 어려움을 회피하면서 표본을 추출하는 방법으로 마르코프 연쇄 몬테카를로Markov chain Monte Carlo, MCMC 방법이 있다.

MCMC 방법은 우도비 $p(\mathbf{x})/p(\mathbf{x}') = \exp(-f(\mathbf{x}))/\exp(-f(\mathbf{x}'))$만 계산할 수 있으면 표본을 추출할 수 있다. 우도비에는 분배함수가 소거되어 등장하지 않기 때문에 분배함수를 구할 수 없는 경우에도 MCMC 방법을 사용할 수 있다. 적대적 생성 모델에 분배함수가 필요 없는 이유도 생성기는 분류기의 정보를 사용해서 학습하고 분류기는 우도비를 대상으로 학습하기 때문이다.

하지만 고차원 데이터에 MCMC 방법을 사용할 때는 두 가지 문제가 있다.

첫 번째는 표본추출의 효율이다. 우리가 흥미를 느끼는 이 세상의 데이터들은 고차원 중에서 저차원의 극히 일부분의 영역에서만 존재한다는 다양체 가설이 성립한다고 생각할 수 있다. 이 경우 어떤 점 $\mathbf{x}$로부터 주변 $\mathbf{x}'$의 후보를 무작위로 선택할 때 그 후보는 우도가 낮은 영역에 있을 확률이 높고 그 후보를 채택할 가능성은 작아지기 때문에 표본추출 효율이 떨어진다.

두 번째로 MCMC 방법은 우연히 도달한 에너지가 낮은 영역에 얽매이기 쉽다는 것이다. 에너지가 낮은 다른 영역으로 이동하기 위해서는 채택 확률이 매우 낮고 에너지가 높은 영역을 넘어가야 하지만 이 영역을 넘어가기 위해서는 스텝 수가 매우 많이 필요하다(그림 1.7). 따라서 확률분포가 다봉(여러 개의 모드)분포면 그 봉우리들을 망라하기는 어렵다.

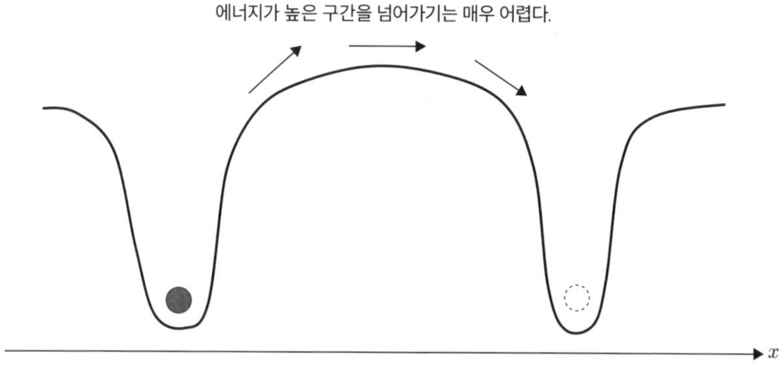

MCMC 방법에서는 에너지가 낮은 현재 영역에서 에너지가 낮은 다른 영역으로 이동할 때는 채택 확률이 낮고 에너지가 높은(확률이 낮은) 구간을 넘어가야 하는데 이때 필요한 통계량을 구하기 위해서는 표본추출 횟수가 대단히 많이 필요하다.

그림 1.7

1.5 점수: 로그 우도 입력에 대한 기울기

지금까지 살펴본 바와 같이 고차원 확률 모델의 분배함수 계산은 어렵고, 분배함수 계산이 필요 없는 MCMC 방법은 우도가 높은 영역에 효율적으로 도달하기 어렵다. 이 문제를 해결하기 위하여 점수를 도입한다.

점수는 에너지 기반 모델뿐만이 아니라 임의의 입력에 대해서 미분 가능한 확률분포로 정의할 수 있다. 로그 우도 $\log p(\mathbf{x})$의 입력 $\mathbf{x}$에 대한 기울기를 점수라고 하고 점수를 계산하는 함수 $\mathbf{s}(\mathbf{x})$를 점수 함수라고 부른다.

$$\mathbf{s}(\mathbf{x}) := \nabla_{\mathbf{x}} \log p(\mathbf{x}) : \mathbb{R}^d \to \mathbb{R}^d$$

점수는 입력 $\mathbf{x}$와 같은 차원수 d를 갖는 벡터이다. 정보 기하학 등 다른 분야에서는 매개변수에 대한 기울기를 점수라고 부르는 예도 있지만 여기에서는 입력에 대한 기울기라는 점에 주의하자.

점수는 입력공간에서의 벡터장을 나타내고, 각 점의 벡터는 그 위치에서 로그 우도가 가장 급격히 커지는 방향과 그 크기를 나타낸다(그림 1.8).

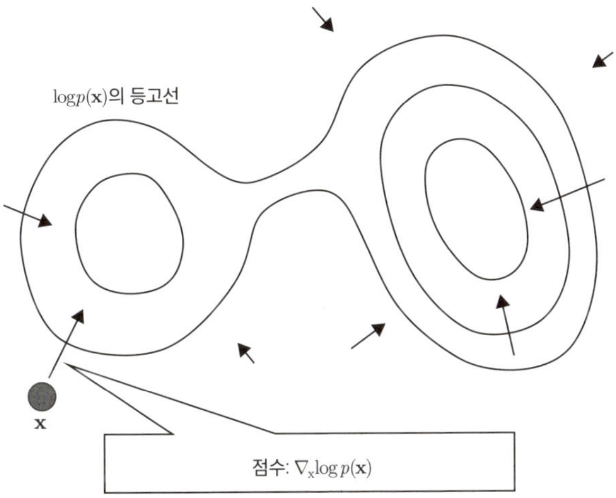

점수는 로그 우도의 입력 $\mathbf{x}$에 대한 기울기를 나타낸다. 또한 점수는 입력공간에서의 벡터장을 나타내고, 각 점의 벡터는 그 위치에서 로그 우도가 가장 급격하게 커지는 방향과 그 크기를 나타낸다.

그림 1.8

또 점수는 미분의 공식으로부터

$$\nabla_{\mathbf{x}} \log p(\mathbf{x}) = \frac{\nabla_{\mathbf{x}} p(\mathbf{x})}{p(\mathbf{x})}$$

가 되기 때문에 확률이 가장 급격히 상승하는 벡터를 확률로 나눈 값이 된다. 그래서 점수는 확률이 작은 영역에서 크게 되기 쉽고, 큰 영역에서는 작아지기 쉽다($\nabla_{\mathbf{x}} p(\mathbf{x})$의 크기도 있으므로 예외도 있다).

점수에는 분배함수 $Z(\theta)$를 사용하지 않는다는 우수한 특징이 있다. 왜냐하면 정의로부터

$$\begin{aligned}\nabla_{\mathbf{x}} \log q_\theta(\mathbf{x}) &= -\nabla_{\mathbf{x}} f_\theta(\mathbf{x}) - \underbrace{\nabla_{\mathbf{x}} \log Z(\theta)}_{=0} \\ &= -\nabla_{\mathbf{x}} f_\theta(\mathbf{x})\end{aligned} \tag{1.1}$$

가 되기 때문이다. 이렇게 점수는 에너지 함수의 입력에 대한 음의 기울기와 일치한다. 여기서 분배함수의 입력에 대한 기울기가 0이 되는 것은 분배함수 $Z(\theta)$는 입력 $\mathbf{x}$에 의존하지 않기 때문이다. 점수는 국소적인 정보만으로 결정된다.

점수를 사용하면 현재 위치에서 어느 방향으로 진행해야 확률이 높은 영역에 도달할 수 있는지 알 수 있으므로 고차원 공간상에서 확률이 높은 영역을 효율적으로 탐색할 수 있다.

1.5.1 랑주뱅 몬테카를로 방법

랑주뱅 몬테카를로Langevin Monte Carlo 방법[3]은 점수를 사용하는 MCMC 방법으로 $p(\mathbf{x})$로부터 표본을 얻을 수 있다(그림 1.9). 점수를 사용하면 앞에서 설명한 MCMC 방법의 문제점 중 하나인 주변의 확률이 큰 후보를 효율적으로 찾는 문제를 해결할 수 있다.

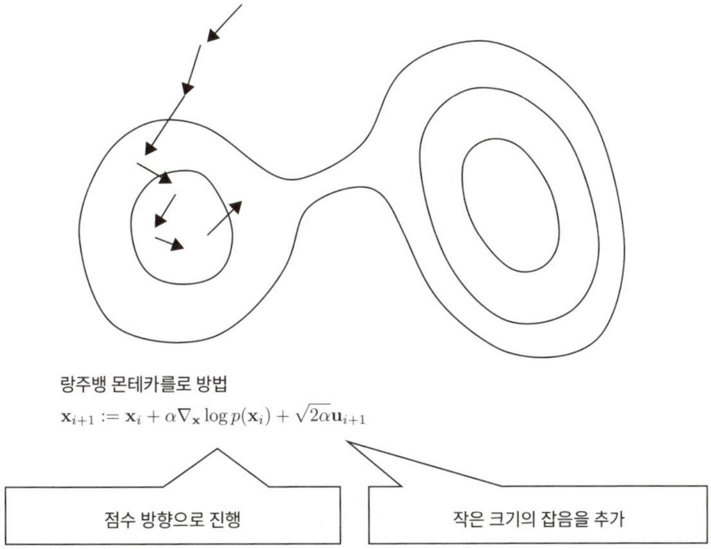

이 과정을 반복했을 때 최종적으로 얻어진 표본은 $p(\mathbf{x})$로부터의 표본이라고 볼 수 있다.

그림 1.9

랑주뱅 몬테카를로 방법(알고리즘 1.1)은 먼저 임의의 사전분포 $\pi(\mathbf{x})$로부터 데이터를 $\mathbf{x}_0 \sim \pi(\mathbf{x})$로 추출해서 각 위치에서의 점수에 따라 전이한다. 이때 정규분포로부터 추출된 잡음을 조금 추가해서 전이한다. 이 이동을 K번 반복한 결과가 추출한 결과다.

알고리즘 1.1 랑주뱅 몬테카를로 방법을 이용한 표본추출

입력: α 스텝 폭, K 스텝 횟수

$\mathbf{x}_0$를 초기화(예: $\mathbf{x}_0 \sim \mathcal{N}(\mathbf{x}_0; \mathbf{0}, \mathbf{I})$)

for $k = 1, \ldots, K$ **do**

  $\mathbf{u}_k \sim \mathcal{N}(\mathbf{0}, \mathbf{I})$

  $\mathbf{x}_k := \mathbf{x}_{k-1} + \alpha \nabla_{\mathbf{x}} \log p(\mathbf{x}_{k-1}) + \sqrt{2\alpha}\mathbf{u}_k$

end for

return $\mathbf{x}_K$

이때 $\alpha \to 0$, $K \to \infty$이라면 $\mathbf{x}_K$는 $p(\mathbf{x})$로부터의 표본에 수렴한다. 실제로 α가 충분히 작고 K가 충분히 크다면 $\mathbf{x}_K$는 $p(\mathbf{x})$로부터의 표본이라고 볼 수 있다.

랑주뱅 몬테카를로 방법을 이용한 표본추출은 다음 랑주뱅 확산이라고 부르는 확률과정을 이산화한 것으로 볼 수 있다.

$$\mathrm{d}\mathbf{X}_t = -\nabla E(\mathbf{X}_t)\mathrm{d}t + \sqrt{2}\,\mathrm{d}\mathbf{W}_t$$

여기서 E는 매끄러운 에너지 함수이고, $\mathbf{W}_t$는 표준 브라운운동이다. 이 확률과정의 정상분포는 $p(\mathbf{x}) \propto \exp(-E(\mathbf{x}))$이다. 앞의 이산화와 비교하면 $\nabla E(\mathbf{X}_t)$가 로그 우도의 점수이며(식 (1.1)), $\mathbf{W}_t$가 정규분포에서 추출한 잡음, α가 이산화 스텝 폭이 된다.

이 표본추출은 직관적으로 데이터는 점수에 따라서 데이터의 우도가 큰 영역을 중심으로 전이하지만 잡음 $\mathbf{u}_k$를 추가하면 극댓값으로부터 탈출할 수 있으므로 확률분포 전체를 파악할 수 있게 된다고 볼 수 있다.

랑주뱅 몬테카를로 방법은 점수라는 강력한 지침을 사용해서 광대한 고차원 데이터 공간 안에서 확률이 높은 영역을 효율적으로 탐색할 수 있다.

1.5.2 점수 매칭

확률분포의 점수가 계산되면 랑주뱅 몬테카를로 방법을 사용해서 그 확률분포로부터 효율적으로 표본을 추출할 수 있다.

이렇게 확률분포를 직접 학습하는 대신에 확률분포의 점수를 학습하고 점수를 사용해서 생성 모델을 구현하는 모델을 점수 기반 모델Score Based Model, SBM이라고 한다.

일반적으로 두 개의 함수가 주어지는 경우, 기울기가 일치하더라도 상수 부분이 다를 수 있다. 그러나 확률분포의 경우에는 그 총합(확률변수가 연속변수일 경우에는 적분)이 1이라는 제약이 있으므로 모든 입력에서의 점수만 일치하면 목표 확률분포와 같은 분포가 된다.

여기서부터 점수를 어떻게 학습하는지에 대해서 설명한다.

신경망과 같이 매개변수 θ를 가지는 모델 $\mathbf{s}_\theta(\mathbf{x})$: $\mathbb{R}^d \rightarrow \mathbb{R}^d$를 사용해서 점수를 학습하는 것을 살펴보자.

먼저 생각할 수 있는 것은 학습 대상의 점수와 모델 출력 간의 제곱 오차가 최소가 되는 매개변수를 구하는 접근이다. 이때 목표분포 $p(\mathbf{x})$로 기대치를 계산한다. 이 목적함수를 명시적 점수 매칭explicit score matching, ESM이라고 한다.

$$J_{\mathrm{ESM}_p}(\theta) = \frac{1}{2}\mathbb{E}_{p(\mathbf{x})}\left[\|\nabla_\mathbf{x} \log p(\mathbf{x}) - \mathbf{s}_\theta(\mathbf{x})\|^2\right] \tag{1.2}$$

그러나 일반적으로 생성 모델의 학습에서는 훈련 데이터 $D = \{\mathbf{x}^{(1)}, ..., \mathbf{x}^{(N)}\}$만이 주어지고 점수 $\nabla_\mathrm{x} \log p(\mathbf{x}^{(i)})$는 알지 못한다. 그래서 많은 경우에 이 방법을 사용해서 점수를 구할 수 없다.

1.5.3 암묵적 점수 매칭

훈련 데이터만으로 명시적 점수 매칭을 사용해서 학습할 수 없는 문제를 해결하기 위해서, 암묵적 점수 매칭implicit score matching, ISM[4]은 점수 $\nabla_\mathrm{x} \log p(\mathbf{x})$를 사용하지 않고 학습 목표를 정의한다.

$$J_{\mathrm{ISM}_p}(\theta) = \mathbb{E}_{p(\mathbf{x})}\left[\frac{1}{2}\|\mathbf{s}_\theta(\mathbf{x})\|^2 + \mathrm{tr}(\nabla_\mathbf{x}\mathbf{s}_\theta(\mathbf{x}))\right] \tag{1.3}$$

여기서 $\mathbf{s}_\theta(\mathbf{x})$는 모델에 의해 추정된 점수이며 $\nabla_\mathrm{x}\mathbf{s}_\theta(\mathbf{x})$는 $\mathbf{s}_\theta$의 각 성분에 대해 다시 $\mathbf{x}$로 기울기를 계산한 헤세 행렬Hessian matrix을 나타내고 tr은 행렬의 대각합(대각성분의 합)을 계산하는 식이다. 여기서 두 번째 항은 $\mathbf{s}_\theta(\mathbf{x})$의 i번째 성분을 반환하는 함수를 $\mathbf{s}_\theta(\mathbf{x})_i$라고 했을 때 나음과 같이 나타낼 수 있다.

$$\mathrm{tr}(\nabla_\mathbf{x}\mathbf{s}_\theta(\mathbf{x})) = \sum_{i=1}^{d} \frac{\partial \mathbf{s}_\theta(\mathbf{x})_i}{\partial x_i} = -\sum_{i=1}^{d} \frac{\partial^2 f_\theta(\mathbf{x})}{\partial x_i^2}$$

즉 두 번째 항은 에너지 함수의 각 성분에 대한 2차 미분의 합이다.

이 암묵적 점수 매칭은 학습 목표인 점수를 사용하지 않음에도 명시적 점수 매칭과 매개변수와 관계없는 상수항 C_1을 제외하면 동일하다. 증명은 다음 절에서 설명한다.

$$J_{\mathrm{ESM}_p}(\theta) = J_{\mathrm{ISM}_p}(\theta) + C_1$$

여기서, 각각의 목적함수를 사용해서 매개변수를 최적화하면 각 함수의 최적값을 달성하는 매개변수는 같아진다. 즉 암묵적 점수 매칭을 사용해서 학습한 결과는 명시적 점수 매칭을 사용해서 학습한 결과와 일치한다.

지금까지 목표 분포 $p(\mathbf{x})$상의 기댓값으로 목적함수가 정의되었지만 실제로는 $p(\mathbf{x})$는 알지 못하기 때문에, 그 대신에 훈련 데이터 $D = \{\mathbf{x}^{(1)}, \ldots, \mathbf{x}^{(N)}\}$를 사용한 평균값으로 기댓값을 치환한 다음의 목적함수를 사용한다.

$$J_{\mathrm{ISM}_{\mathrm{discrete}}}(\theta) = \frac{1}{N}\sum_{i=1}^{N}\left[\frac{1}{2}\|\mathbf{s}_\theta(\mathbf{x}^{(i)})\|^2 + \mathrm{tr}(\nabla_{\mathbf{x}}\mathbf{s}_\theta(\mathbf{x}^{(i)}))\right] \tag{1.4}$$

이 식으로 암묵적 점수 매칭의 직관적인 의미를 설명한다(그림 1.10).

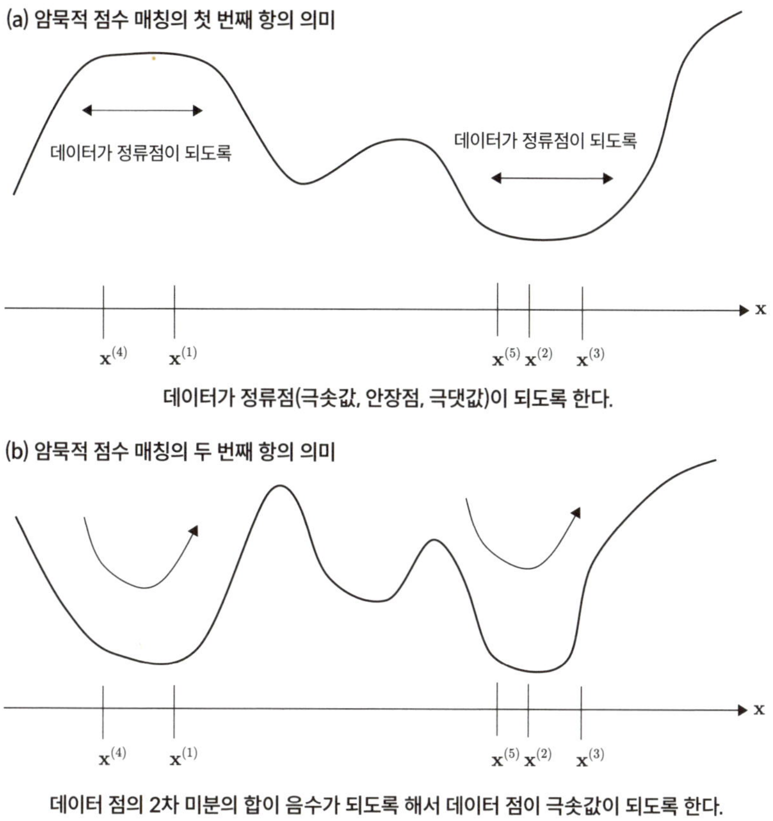

그림 1.10

첫 번째 항의 $\|\mathbf{s}_\theta(\mathbf{x}^{(i)})\|^2$는 훈련 데이터 위치의 점수의 절댓값을 0에 가깝게 한다는 의미이다. 따라서 훈련 데이터의 위치($\mathbf{x}^{(i)}$)가 로그 우도 $\log q(\mathbf{x};\, \theta)$의 정류점(극솟값, 안장점, 극댓값)이 되도록 한다.

두 번째 항은 각 성분의 2차 미분의 합을 음수로 한다는 의미이며, 첫 번째 항의 정류점이 되도록 하는 조건과 합치면 훈련 데이터의 위치가 에너지 함수의 극소(확률분포의 극대)가 되도록 한다는 의미이다.

1.5.4 암묵적 점수 매칭이 점수를 추정할 수 있다는 증명

명시적 점수 매칭과 암묵적 점수 매칭이 몇 가지 가정하에 상수를 제외하고는 일치한다는 것을 증명한다.

$$J_{\mathrm{ESM}}(\theta) = \frac{1}{2}\mathbb{E}_{p(\mathbf{x})}\left[\|\nabla_{\mathbf{x}} \log p(\mathbf{x}) - \mathbf{s}_\theta(\mathbf{x})\|^2\right] \tag{1.5}$$

$$J_{\mathrm{ISM}}(\theta) = \mathbb{E}_{p(\mathbf{x})}\left[\frac{1}{2}\|\mathbf{s}_\theta(\mathbf{x})\|^2 + \mathrm{tr}(\nabla_{\mathbf{x}}\mathbf{s}_\theta(\mathbf{x}))\right] \tag{1.6}$$

가정은 다음 4가지이다.

- 가정 1. $p(\mathbf{x})$가 미분 가능
- 가정 2. $\mathbb{E}_{p(\mathrm{x})}[\|\nabla_{\mathrm{x}} \log p(\mathbf{x})\|^2]$가 유한
- 가정 3. 임의의 θ에 대하여 $\mathbb{E}_{p(\mathrm{x})}[\|\mathbf{s}_\theta(\mathbf{x})\|^2]$가 유한
- 가정 4. $\lim_{\|\mathbf{x}\| \to \infty} [p(\mathbf{x})\mathbf{s}_\theta(\mathbf{x})] = 0$

이 경우 다음이 성립한다.

$$J_{\mathrm{ESM}}(\theta) = J_{\mathrm{ISM}}(\theta) + C_1$$

여기서 C_1은 θ에 의존하지 않는 상수이다.

증명

명시적 점수 매칭의 식 (1.5)를 전개하면 다음과 같다.

$$
\begin{aligned}
&J_{\text{ESM}}(\theta) \\
&= \frac{1}{2}\mathbb{E}_{p(\mathbf{x})}\left[\|\nabla_{\mathbf{x}} \log p(\mathbf{x}) - \mathbf{s}_\theta(\mathbf{x})\|^2\right] \\
&= \int_{\mathbf{x}\in\mathbb{R}^d} p(\mathbf{x}) \left[\underbrace{\frac{1}{2}\|\nabla_{\mathbf{x}} \log p(\mathbf{x})\|^2}_{(1)} + \underbrace{\frac{1}{2}\|\mathbf{s}_\theta(\mathbf{x})\|^2}_{(2)} \underbrace{-\nabla_{\mathbf{x}} \log p(\mathbf{x})^\mathsf{T} \mathbf{s}_\theta(\mathbf{x})}_{(3)} \right] \mathrm{d}\mathbf{x}
\end{aligned}
$$

위 식에서 (1)은 파라미터 θ에 의존하지 않기 때문에 무시할 수 있으므로 C_1으로 둔다. (2)는 식 (1.6)의 첫 번째 항과 일치한다. 그래서 (3)이 식 (1.6)의 두 번째 항 $\mathbb{E}_{p(\mathrm{x})}[\mathrm{tr}(\nabla_{\mathrm{x}}\mathbf{s}_\theta(\mathbf{x}))]$와 같다는 것만 보이면 된다.

(3)은 벡터 간의 내적이므로 다음과 같이 성분별 곱의 합으로 분해할 수 있다.

$$
(3) = -\sum_i \int_{\mathbf{x}\in\mathbb{R}^d} p(\mathbf{x})(\nabla_{\mathbf{x}} \log p(\mathbf{x}))_i \mathbf{s}_\theta(\mathbf{x})_i \mathrm{d}\mathbf{x}
$$

여기서$(\nabla_{\mathrm{x}}\log p(\mathbf{x}))_i$는 $\nabla_{\mathrm{x}}\log p(\mathbf{x})$의 i번째 성분이다. 식 변형을 계속하면 다음과 같다.

$$
\begin{aligned}
&= -\sum_i \int_{\mathbf{x}\in\mathbb{R}^d} p(\mathbf{x}) \frac{\partial \log p(\mathbf{x})}{\partial x_i} \mathbf{s}_\theta(\mathbf{x})_i \mathrm{d}\mathbf{x} \\
&= -\sum_i \int_{\mathbf{x}\in\mathbb{R}^d} \frac{p(\mathbf{x})}{p(\mathbf{x})} \frac{\partial p(\mathbf{x})}{\partial x_i} \mathbf{s}_\theta(\mathbf{x})_i \mathrm{d}\mathbf{x} \\
&= -\sum_i \int_{\mathbf{x}\in\mathbb{R}^d} \frac{\partial p(\mathbf{x})}{\partial x_i} \mathbf{s}_\theta(\mathbf{x})_i \mathrm{d}\mathbf{x}
\end{aligned}
$$

다음 목표는 성분 i마다 다음이 성립한다는 것을 보이는 것이다.

$$
-\int_{\mathbf{x}\in\mathbb{R}^d} \frac{\partial p(\mathbf{x})}{\partial x_i} \mathbf{s}_\theta(\mathbf{x})_i \mathrm{d}\mathbf{x} = \int_{\mathbf{x}\in\mathbb{R}^d} \frac{\partial \mathbf{s}_\theta(\mathbf{x})_i}{\partial x_i} p(\mathbf{x}) \mathrm{d}\mathbf{x}
$$

이것을 보일 수 있다면 우변의 i에 대한 합이 식 (1.6)의 두 번째 항 $\mathbb{E}_{p(\mathrm{x})}[\mathrm{tr}(\nabla_{\mathrm{x}}\mathbf{s}_\theta(\mathbf{x}))]$과 같아진다.

먼저 임의의 미분 가능한 1변수 함수 $f(\mathbf{x})$, $g(\mathbf{x})$에 대하여 $\lim_{|x|\to\infty}[f(x)g(x)] = 0$이라면

$$\begin{aligned}
&\int_{x\in\mathbb{R}} f'(x)g(x)\mathrm{d}x \\
&\quad = [f(x)g(x)]_{-\infty}^{\infty} - \int_{x\in\mathbb{R}} f(x)g'(x)\mathrm{d}x \quad \text{(부분적분 공식 이용)} \\
&\quad = 0 - 0 - \int_{x\in\mathbb{R}} f(x)g'(x)\mathrm{d}x \quad \text{(가정에서 } f(x)g(x)\text{는 } x=\infty, -\infty\text{일 때 0)} \\
&\quad = -\int_{x\in\mathbb{R}} f(x)g'(x)\mathrm{d}x
\end{aligned}$$

이 되기 때문에

$$\int_{x\in\mathbb{R}} f'(x)g(x)\mathrm{d}x = -\int_{x\in\mathbb{R}} f(x)g'(x)\mathrm{d}x$$

가 성립한다.

이것을 다변수함수로 확장하면 된다. 먼저 다음 보조정리를 확인하자.

보조정리

f와 g가 미분 가능할 때 다음이 성립한다.

$$\begin{aligned}
&\lim_{a\to\infty, b\to-\infty} f(a, x_2, \ldots, x_n)g(a, x_2, \ldots, x_n) - f(b, x_2, \ldots, x_n)g(b, x_2, \ldots, x_n) \\
&\quad = \int_{-\infty}^{\infty} f(\mathbf{x})\frac{\partial g(\mathbf{x})}{\partial x_1}\mathrm{d}x_1 + \int_{-\infty}^{\infty} g(\mathbf{x})\frac{\partial f(\mathbf{x})}{\partial x_1}\mathrm{d}x_1
\end{aligned}$$

여기에서는 $i=1$의 경우만 보였지만 다른 i에 대해서도 마찬가지로 성립한다.

보조정리 증명

$$\frac{\partial f(\mathbf{x})g(\mathbf{x})}{\partial x_1} = f(\mathbf{x})\frac{\partial g(\mathbf{x})}{\partial x_1} + g(\mathbf{x})\frac{\partial f(\mathbf{x})}{\partial x_1}$$

x_1만 변수이고 다른 변수는 상수라고 가정한 후 $x_1 \in \mathbb{R}$상에서 적분을 하면 주어진 식을 얻을 수 있다. (증명 끝)

이 보조정리에 f를 $p(\mathbf{x})$, g를 $\mathbf{s}_\theta(\mathbf{x};\ \theta)_1$로 적용하면

$$
\begin{aligned}
&-\int_{\mathbf{x}\in\mathbb{R}^d} \frac{\partial p(\mathbf{x})}{\partial x_1}\mathbf{s}_\theta(\mathbf{x};\theta)_1 \mathrm{d}\mathbf{x} \\
&= -\int_{\mathbf{x}_{2:n}\in\mathbb{R}^{d-1}} \left[\int_{x_1\in\mathbb{R}} \frac{\partial p(\mathbf{x})}{\partial x_1}\mathbf{s}_\theta(\mathbf{x};\theta)_1 \mathrm{d}x_1\right] \mathrm{d}\mathbf{x}_{2:d} \\
&\qquad\qquad\qquad\qquad\qquad\qquad (\text{적분을 } x_1\text{과 그 이외의 } \mathbf{x}_{2:d}\text{로 나눈다}) \\
&= -\int_{\mathbf{x}_{2:n}\in\mathbb{R}^{d-1}} \Big[\lim_{a\to\infty, b\to-\infty}[p(a,\mathbf{x}_{2:d})\mathbf{s}_\theta(a,\mathbf{x}_{2:d})_i - p(b,\mathbf{x}_{2:d})\mathbf{s}_\theta(b,\mathbf{x}_{2:d})_i] \\
&\qquad\qquad - \int_{x_1\in\mathbb{R}} \frac{\partial \mathbf{s}_\theta(\mathbf{x};\theta)_1}{\partial x_1} p(\mathbf{x}) \mathrm{d}x_1\Big] \mathrm{d}\mathbf{x}_{2:d} \quad (\text{보조정리 적용}) \\
&= -\int_{\mathbf{x}_{2:n}\in\mathbb{R}^{d-1}} \left[0 - 0 - \int_{x_1\in\mathbb{R}} \frac{\partial \mathbf{s}_\theta(\mathbf{x};\theta)_1}{\partial x_1} p(\mathbf{x}) \mathrm{d}x_1\right] \mathrm{d}\mathbf{x}_{2:d} \\
&= \int_{\mathbf{x}\in\mathbb{R}^d} \frac{\partial \mathbf{s}_\theta(\mathbf{x};\theta)_1}{\partial x_1} p(\mathbf{x}) \mathrm{d}\mathbf{x}
\end{aligned}
$$

가 된다. 이것으로부터

$$
-\int_{\mathbf{x}\in\mathbb{R}^d} \frac{\partial p(\mathbf{x})}{\partial x_1}\mathbf{s}_\theta(\mathbf{x};\theta)_1 \mathrm{d}\mathbf{x} = \int_{\mathbf{x}\in\mathbb{R}^d} \frac{\partial \mathbf{s}_\theta(\mathbf{x};\theta)_1}{\partial x_1} p(\mathbf{x}) \mathrm{d}\mathbf{x}
$$

가 성립한다. 여기에서는 $i = 1$의 경우를 보였지만, 그 외의 모든 i에 대해서도 마찬가지로 성립하기 때문에 이를 모두 더하면 다음과 같다.

$$
\begin{aligned}
-\sum_i \int_{\mathbf{x}\in\mathbb{R}^d} \frac{\partial p(\mathbf{x})}{\partial x_i}\mathbf{s}_\theta(\mathbf{x})_i \mathrm{d}\mathbf{x} &= \sum_i \int_{\mathbf{x}\in\mathbb{R}^d} \frac{\partial \mathbf{s}_\theta(\mathbf{x})_i}{\partial x_i} p(\mathbf{x}) \mathrm{d}\mathbf{x} \\
&= \mathbb{E}_{p(\mathbf{x})}\left[\mathrm{tr}(\nabla_\mathbf{x}\mathbf{s}_\theta(\mathbf{x}))\right]
\end{aligned}
$$

이렇게 나머지 (3)이 식 (1.6)의 두 번째 항 $\mathbb{E}_{p(\mathrm{x})}[\mathrm{tr}(\nabla_{\mathrm{x}}\mathbf{s}_\theta(\mathbf{x}))]$과 동일하다는 것을 보였다. (증명 끝)

1.5.5 디노이징 점수 매칭

암묵적 점수 매칭을 사용하면 점수를 알지 못해도 점수를 구할 수 있다는 것을 보였다. 하지만 암묵적 점수 매칭을 적용하는 데에는 두 가지 문제가 있다.

첫 번째 문제는 $\mathbb{E}_{p(\mathrm{x})}[\mathrm{tr}(\nabla_{\mathrm{x}}\mathbf{s}_\theta(\mathbf{x}))]$를 구하는 계산량이 크다는 것이다. 이것을 계산하기 위해서는 $\mathbf{s}_\theta(\mathbf{x})$의 각 성분 $\mathbf{s}_\theta(\mathbf{x})_i$마다 오차 역전파법을 적용해야 한다. 만약 오차 역전파법을 d회 적용한다고 할 때 신경망의 경우에 1회의 오차 역전파법의 계산량은 $O(d)$이고, $\mathbb{E}_{p(\mathrm{x})}[\mathrm{tr}(\nabla_{\mathrm{x}}\mathbf{s}_\theta(\mathbf{x}))]$를 구하는 데 드는 계산량은 $O(d^2)$이다. 이것은 입력이 고차원이면 불가능하다.

두 번째 문제는 과적합이 일어나기 쉽다는 것이다. 생성 모델의 학습도 다른 기계학습과 마찬가지로 과적합이 문제가 된다. 암묵적 점수 매칭을 사용한 학습에서는 데이터 개수 N이 $N \to \infty$가 될 때 정확한 점수를 얻을 수 있지만 실제로는 유한 개의 데이터로부터 계산해야 한다. 암묵적 점수 매칭을 사용해서 최적화하면 훈련 데이터의 위치에서 로그 우도의 1차 미분이 0, 2차 미분이 음의 무한대가 되는 것이 최적해가 된다. 이때, 각 훈련 데이터 위치에서의 확률이 양의 무한대가 되는 델타함수의 혼합분포가 최적 분포가 된다. 일반적으로 최대우도추정을 사용하는 생성 모델의 학습에서도 이런 과적합은 발생하지만, 에너지 함수를 신경망과 같은 것으로 모델링할 때는 2차 미분이 음의 무한대가 되어버리는 모델은 학습되기 쉽고 과적합이 발생하기 쉽다. 그래서 과적합을 막는 정규화를 추가해야 한다.

여기서는 디노이징 점수 매칭denoising score matching, DSM[5]을 사용해서 이 두 가지 문제를 해결하는 것을 살펴본다.

먼저, 데이터 $\mathbf{x}$에 정규분포로부터 추출한 잡음 $\epsilon \sim \mathcal{N}(\mathbf{0}, \sigma^2\mathbf{I})$을 추가한 변수 $\tilde{\mathbf{x}}$를 생각해보자. 이 잡음을 섭동이라고 부르고 σ를 잡음의 스케일이라고 하자.

$$\tilde{\mathbf{x}} = \mathbf{x} + \epsilon, \quad \epsilon \sim \mathcal{N}(\mathbf{0}, \sigma^2 \mathbf{I}) \tag{1.7}$$

데이터에 잡음을 추가하는 과정은 다음 조건부확률을 사용해서 평균이 $\mathbf{x}$, 분산이 $\sigma^2\mathrm{I}$인 정규분포로부터 표본을 얻는 과정으로 볼 수 있다.

$$p_\sigma(\tilde{\mathbf{x}}|\mathbf{x}) = \mathcal{N}(\tilde{\mathbf{x}}; \mathbf{x}, \sigma^2\mathbf{I}) = \frac{1}{(2\pi)^{d/2}\sigma^d} \exp(-\frac{1}{2\sigma^2}\|\tilde{\mathbf{x}} - \mathbf{x}\|^2) \tag{1.8}$$

이제부터 변수 $\tilde{\mathbf{x}}$는 $\mathbf{x}$에 섭동 ϵ을 추가한 후의 변수를 나타낸다.

또 데이터 분포 $p(\mathbf{x})$의 각 점에 섭동을 추가한 후에 얻어진 분포를 섭동 후 분포 $p_\sigma(\tilde{\mathbf{x}})$라고 부르고 다음과 같이 정의한다.

$$p_\sigma(\tilde{\mathbf{x}}) = \int_{\mathbf{x} \in \mathbb{R}^d} p_\sigma(\tilde{\mathbf{x}}|\mathbf{x}) p(\mathbf{x}) \mathrm{d}\mathbf{x}$$

이 섭동 후 분포 $p_\sigma(\tilde{\mathbf{x}})$는 원래 데이터 분포 $p(\mathbf{x})$에 σ의 크기에 따라 약간 퍼진 듯한 데이터 분포가 된다(그림 1.11).

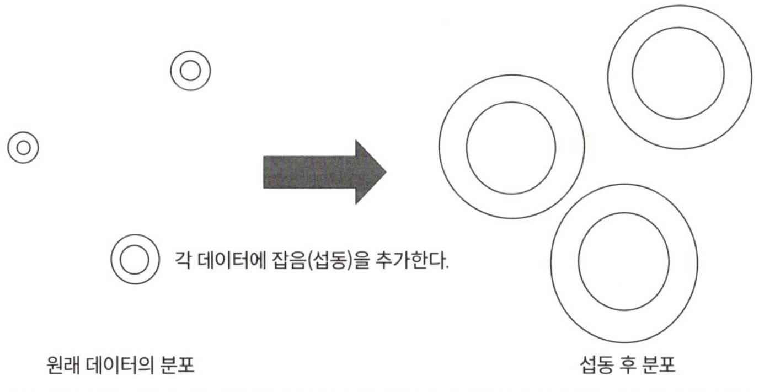

섭동 후 분포는 원래 데이터 분포에 잡음을 더한 것으로 퍼진 듯한 데이터 분포가 된다.

그림 1.11

섭동 후 분포에서의 명시적 점수 매칭은 다음과 같이 정의된다.

$$J_{\mathrm{ESM}_{p_\sigma}}(\theta) = \frac{1}{2}\mathbb{E}_{p_\sigma(\tilde{\mathbf{x}})}\left[\|\nabla_{\tilde{\mathbf{x}}} \log p_\sigma(\tilde{\mathbf{x}}) - \mathbf{s}_\theta(\tilde{\mathbf{x}}, \sigma)\|^2\right]$$

또 학습 대상의 점수 함수는 다양한 크기의 섭동에 대응할 수 있도록, 섭동의 크기 σ도 인수로 받고 그때의 점수를 반환하도록 한다.

마찬가지로 섭동 후 분포에서의 암묵적 점수 매칭은 다음과 같이 정의한다.

$$J_{\mathrm{ISM}_{p_\sigma}}(\theta) = \mathbb{E}_{p_\sigma(\tilde{\mathbf{x}})}\left[\frac{1}{2}\|\mathbf{s}_\theta(\tilde{\mathbf{x}}, \sigma)\|^2 + \mathrm{tr}(\nabla_{\tilde{\mathbf{x}}}\mathbf{s}_\theta(\tilde{\mathbf{x}}, \sigma))\right]$$

이 경우 $\sigma > 0$일 때 암묵적 점수 매칭과 명시적 점수 매칭이 같아지는 데 필요한 가정이 성립하기 때문에

$$J_{\mathrm{ESM}_{p_\sigma}}(\theta) = J_{\mathrm{ISM}_{p_\sigma}}(\theta) + C_1$$

가 성립한다. 단 $\sigma \to 0$일 때에는 앞 절(암묵적 점수 매칭이 명시적 점수 매칭과 일치한다는 증명)에서의 확률분포의 가정(미분 가능)은 성립하지 않는다.

이 섭동 후 분포에서 암묵적 점수 매칭을 사용하면 섭동 후 분포의 점수를 계산할 수 있고[6], 과적합을 억제할 것으로 기대할 수 있다. 한편 계산량 문제는 해결되지 않았다.

디노이징 점수 매칭은 직접 점수를 목표로 학습하는 것이 아니라 섭동했을 때의 조건부 확률에 관한 점수를 목표로 학습한다.

$$J_{\mathrm{DSM}_{p_\sigma}}(\theta) = \frac{1}{2}\mathbb{E}_{p_\sigma(\tilde{\mathbf{x}}|\mathbf{x})p(\mathbf{x})}\left[\|\nabla_{\tilde{\mathbf{x}}} \log p_\sigma(\tilde{\mathbf{x}}|\mathbf{x}) - \mathbf{s}_\theta(\tilde{\mathbf{x}}, \sigma)\|^2\right] \quad (1.9)$$

이 식은 명시적 점수 매칭 함수와 매우 비슷하지만 원래 분포와 섭동 후 분포의 동시 확률로 기댓값을 계산하고 있고 목표가 섭동 후 분포의 점수 $\nabla_{\tilde{\mathbf{x}}} \log p_\sigma(\tilde{\mathbf{x}})$가 아니라 조

건부확률의 점수 $\nabla_{\tilde{\mathbf{x}}} \log p_\sigma(\tilde{\mathbf{x}}|\mathbf{x})$인 것에 주의하자.

원래 확률분포의 점수는 해석적으로 구할 수 없었지만 조건부확률의 점수는 다음과 같이 해석적으로 구할 수 있다.

$$\begin{aligned}\nabla_{\tilde{\mathbf{x}}} \log p_\sigma(\tilde{\mathbf{x}}|\mathbf{x}) &= \nabla_{\tilde{\mathbf{x}}} \log \left(\frac{1}{(2\pi)^{d/2}\sigma^d} \exp(-\frac{1}{2\sigma^2}\|\tilde{\mathbf{x}}-\mathbf{x}\|^2) \right) \\ &= \nabla_{\tilde{\mathbf{x}}} \log \frac{1}{(2\pi)^{d/2}\sigma^d} + \nabla_{\tilde{\mathbf{x}}} \left(-\frac{1}{2\sigma^2}\|\tilde{\mathbf{x}}-\mathbf{x}\|^2 \right) \\ &= 0 - \frac{1}{\sigma^2}(\tilde{\mathbf{x}}-\mathbf{x}) \\ &= -\frac{1}{\sigma^2}\epsilon \end{aligned} \tag{1.10}$$

즉 조건부확률분포의 점수는 추가된 잡음 ϵ(그림 1.12)을 소거하는 디노이징(잡음의 음숫값)을 잡음 스케일의 제곱 σ^2으로 나눈 값이다.

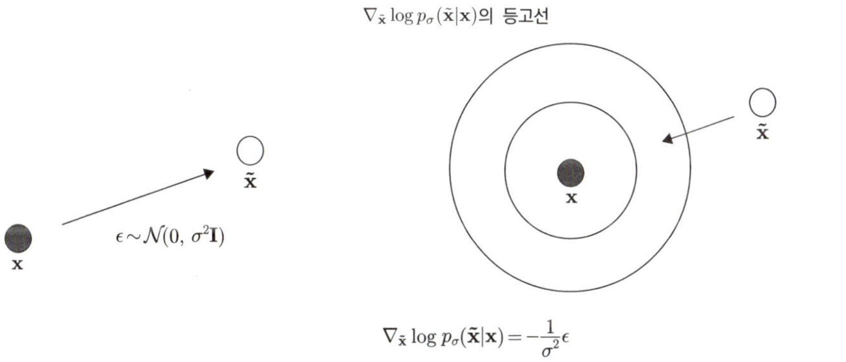

섭동 후의 표본의 조건부확률분포의 점수는 섭동을 디노이징할 방향을 스케일링한 값이 된다.

그림 1.12

식 (1.7), (1.8), (1.10)으로 디노이징 점수 매칭 함수를 다시 쓰면 다음과 같이 추가된 (분산으로 나눈) 잡음을 예측하는 문제로 볼 수 있다.

$$J_{\mathrm{DSM}_{p_\sigma}}(\theta) = \frac{1}{2}\mathbb{E}_{\epsilon\sim\mathcal{N}(\mathbf{0},\sigma^2\mathbf{I}),\mathbf{x}\sim p(\mathbf{x})}\left[\| -\frac{1}{\sigma^2}\epsilon - \mathbf{s}_\theta(\mathbf{x}+\epsilon,\sigma)\|^2\right] \quad (1.11)$$

이 디노이징 점수 매칭은 섭동 후 분포에서의 명시적 점수 매칭과 다음 관계를 만족한다.

$$J_{\mathrm{ESM}_{p_\sigma}}(\theta) = J_{\mathrm{DSM}_{p_\sigma}}(\theta) + C$$

여기서 C는 매개변수 θ에 의존하지 않는 상수이다. 즉, 디노이징 점수 매칭을 목적함수로 해서 잡음이 추가된 데이터에서 어떤 잡음이 추가되었는지를 예측할 수 있도록 학습한다면 점수를 학습할 수 있다.

또 여기에서는 잡음의 분포를 정규분포로 가정하고 있지만 아래의 증명에서도 볼 수 있듯이 디노이징 점수 매칭에서 사용하는 잡음의 분포로는 그 섭동이나 섭동 후 분포가 미분 가능하다면 어떤 잡음 분포라도 사용할 수 있다[7].

디노이징 점수 매칭은 암묵적 점수 매칭과는 달리 일반적인 함수 평가를 하면 된다. 그래서 입력이 고차원이어도 효율적으로 구할 수 있다.

1.5.6 디노이징 점수 매칭이 점수를 추정할 수 있다는 증명

여기서는, 디노이징 점수 매칭이 명시적 점수 매칭과 상수를 제외하고 일치한다는 것을 증명한다.

증명

먼저 $J_{\mathrm{ESM}_{p_\sigma}}(\theta)$를 다음과 같이 변형한다.

$$
\begin{aligned}
&J_{\mathrm{ESM}_{p_\sigma}}(\theta) \\
&= \frac{1}{2}\mathbb{E}_{p_\sigma(\tilde{\mathbf{x}})}\left[\|\nabla_{\tilde{\mathbf{x}}}\log p_\sigma(\tilde{\mathbf{x}}) - \mathbf{s}_\theta(\tilde{\mathbf{x}},\sigma)\|^2\right] \\
&= \frac{1}{2}\mathbb{E}_{p_\sigma(\tilde{\mathbf{x}})}\left[\|\mathbf{s}_\theta(\tilde{\mathbf{x}},\sigma)\|^2\right] - \mathbb{E}_{p_\sigma(\tilde{\mathbf{x}})}\left[\langle \mathbf{s}_\theta(\tilde{\mathbf{x}},\sigma), \nabla_{\tilde{\mathbf{x}}}\log p_\sigma(\tilde{\mathbf{x}})\rangle\right] + C_2 \\
&= \frac{1}{2}\mathbb{E}_{p_\sigma(\tilde{\mathbf{x}})}\left[\|\mathbf{s}_\theta(\tilde{\mathbf{x}},\sigma)\|^2\right] - S(\theta) + C_2
\end{aligned}
$$

여기서 $S(\theta) = \mathbb{E}_{p_\sigma(\tilde{\mathbf{x}})}\left[\langle \mathbf{s}_\theta(\tilde{\mathbf{x}},\sigma), \nabla_{\tilde{\mathbf{x}}}\log p_\sigma(\tilde{\mathbf{x}})\rangle\right]$로 두고, C_2는 매개변수 θ에 의존하지 않는 상수 $(\frac{1}{2}\mathbb{E}_{p_\sigma(\tilde{\mathbf{x}})}\left[\|\nabla_{\tilde{\mathbf{x}}}\log p_\sigma(\tilde{\mathbf{x}})\|^2\right])$이다.

또 $J_{\mathrm{DSM}_{p_\sigma}}(\theta)$에 대해서 전개하면

$$
\begin{aligned}
&J_{\mathrm{DSM}_{p_\sigma}}(\theta) \\
&= \frac{1}{2}\mathbb{E}_{p_\sigma(\tilde{\mathbf{x}}|\mathbf{x})p(\mathbf{x})}\left[\|\nabla_{\tilde{\mathbf{x}}}\log p_\sigma(\tilde{\mathbf{x}}|\mathbf{x}) - \mathbf{s}_\theta(\tilde{\mathbf{x}},\sigma)\|^2\right] \\
&= \frac{1}{2}\mathbb{E}_{p_\sigma(\tilde{\mathbf{x}})}\left[\|\mathbf{s}_\theta(\tilde{\mathbf{x}},\sigma)\|^2\right] - \mathbb{E}_{p_\sigma(\tilde{\mathbf{x}},\mathbf{x})}\left[\langle \mathbf{s}_\theta(\tilde{\mathbf{x}},\sigma), \nabla_{\tilde{\mathbf{x}}}\log p_\sigma(\tilde{\mathbf{x}}|\mathbf{x})\rangle\right] + C_3
\end{aligned}
$$

여기서 $C_3 = \frac{1}{2}\mathbb{E}_{p_\sigma(\tilde{\mathbf{x}}|\mathbf{x})p(\mathbf{x})}\left[\|\nabla_{\tilde{\mathbf{x}}}\log p_\sigma(\tilde{\mathbf{x}}|\mathbf{x})\|^2\right]$는 θ에 의존하지 않는 상수이다.

이상의 식들에서, $J_{\mathrm{ESM}_{p_\sigma}}(\theta)$와 $J_{\mathrm{DSM}_{p_\sigma}}(\theta)$는 첫 번째 항이 $\frac{1}{2}\mathbb{E}_{p_\sigma(\tilde{\mathbf{x}})}\left[\|\mathbf{s}_\theta(\tilde{\mathbf{x}},\sigma)\|^{\mathbf{2}}\right]$로 같고, 세 번째 항의 C_2와 C_3는 θ에 의존하지 않는 상수이기 때문에 $S(\theta)$와 $\mathbb{E}_{p_\sigma(\tilde{\mathbf{x}},\mathbf{x})}\left[\langle \mathbf{s}_\theta(\tilde{\mathbf{x}},\sigma), \nabla_{\tilde{\mathbf{x}}}\log p_\sigma(\tilde{\mathbf{x}}|\mathbf{x})\rangle\right]$가 같은지만 확인하면 된다.

$S(\theta)$를 다음과 같이 변형한다.

$$
\begin{aligned}
S(\theta) &= \mathbb{E}_{p_\sigma(\tilde{\mathbf{x}})}\left[\langle \mathbf{s}_\theta(\tilde{\mathbf{x}},\sigma), \nabla_{\tilde{\mathbf{x}}}\log p_\sigma(\tilde{\mathbf{x}})\rangle\right] \\
&= \int_{\tilde{\mathbf{x}}} p_\sigma(\tilde{\mathbf{x}}) \langle \mathbf{s}_\theta(\tilde{\mathbf{x}},\sigma), \nabla_{\tilde{\mathbf{x}}}\log p_\sigma(\tilde{\mathbf{x}})\rangle \,\mathrm{d}\tilde{\mathbf{x}} \\
&= \int_{\tilde{\mathbf{x}}} p_\sigma(\tilde{\mathbf{x}}) \left\langle \mathbf{s}_\theta(\tilde{\mathbf{x}},\sigma), \frac{\nabla_{\tilde{\mathbf{x}}} p_\sigma(\tilde{\mathbf{x}})}{p_\sigma(\tilde{\mathbf{x}})}\right\rangle \mathrm{d}\tilde{\mathbf{x}} \\
&= \int_{\tilde{\mathbf{x}}} \langle \mathbf{s}_\theta(\tilde{\mathbf{x}},\sigma), \nabla_{\tilde{\mathbf{x}}} p_\sigma(\tilde{\mathbf{x}})\rangle \,\mathrm{d}\tilde{\mathbf{x}}
\end{aligned}
$$

섭동 후 분포의 기울기는 다음과 같은 보조정리가 성립한다.

보조정리

$$
\begin{aligned}
\nabla_{\tilde{\mathbf{x}}} p_\sigma(\tilde{\mathbf{x}}) &= \nabla_{\tilde{\mathbf{x}}} \int_{\mathbf{x}} p(\mathbf{x}) p_\sigma(\tilde{\mathbf{x}}|\mathbf{x}) \mathrm{d}\mathbf{x} \\
&= \int_{\mathbf{x}} p(\mathbf{x}) \nabla_{\tilde{\mathbf{x}}} p_\sigma(\tilde{\mathbf{x}}|\mathbf{x}) \mathrm{d}\mathbf{x} \\
&= \int_{\mathbf{x}} p(\mathbf{x}) p_\sigma(\tilde{\mathbf{x}}|\mathbf{x}) \nabla_{\tilde{\mathbf{x}}} \log p_\sigma(\tilde{\mathbf{x}}|\mathbf{x}) \mathrm{d}\mathbf{x}
\end{aligned}
$$

$S(\theta)$에 보조정리를 적용하면 다음과 같다.

$$
\begin{aligned}
S(\theta) &= \int_{\tilde{\mathbf{x}}} \left\langle \mathbf{s}_\theta(\tilde{\mathbf{x}}, \sigma), \int_{\mathbf{x}} p(\mathbf{x}) p_\sigma(\tilde{\mathbf{x}}|\mathbf{x}) \nabla_{\tilde{\mathbf{x}}} \log p_\sigma(\tilde{\mathbf{x}}|\mathbf{x}) \mathrm{d}\mathbf{x} \right\rangle \mathrm{d}\tilde{\mathbf{x}} \\
&= \int_{\tilde{\mathbf{x}}} \int_{\mathbf{x}} p(\mathbf{x}) p_\sigma(\tilde{\mathbf{x}}|\mathbf{x}) \left\langle \mathbf{s}_\theta(\tilde{\mathbf{x}}, \sigma), \nabla_{\tilde{\mathbf{x}}} \log p_\sigma(\tilde{\mathbf{x}}|\mathbf{x}) \right\rangle \mathrm{d}\mathbf{x}\mathrm{d}\tilde{\mathbf{x}} \\
&= \int_{\tilde{\mathbf{x}}} \int_{\mathbf{x}} p_\sigma(\tilde{\mathbf{x}}, \mathbf{x}) \left\langle \mathbf{s}_\theta(\tilde{\mathbf{x}}, \sigma), \nabla_{\tilde{\mathbf{x}}} \log p_\sigma(\tilde{\mathbf{x}}|\mathbf{x}) \right\rangle \mathrm{d}\mathbf{x}\mathrm{d}\tilde{\mathbf{x}} \\
&= \mathbb{E}_{p_\sigma(\tilde{\mathbf{x}}, \mathbf{x})} \left[\left\langle \mathbf{s}_\theta(\tilde{\mathbf{x}}, \sigma), \nabla_{\tilde{\mathbf{x}}} \log p_\sigma(\tilde{\mathbf{x}}|\mathbf{x}) \right\rangle \right]
\end{aligned}
$$

이것은 $J_{\mathrm{DSM}_{p_\sigma}}(\theta)$의 두 번째 항과 같다. 따라서

$$
J_{\mathrm{ESM}_{p_\sigma}}(\theta) = J_{\mathrm{DSM}_{p_\sigma}}(\theta) + C_2 - C_3
$$

가 된다. (증명 끝)

이렇게 잡음을 추가한 후의 데이터로부터 추가된 잡음을 예측하면 잡음 추가 후의 확률분포상의 점수를 학습할 수 있다.

1.5.7 잡음이 정규분포를 따르는 경우의 증명

앞의 증명에서는 섭동이나 섭동 후 분포가 미분 가능하다면 무엇이든 좋았다. 여기에서는 잡음이 정규분포를 따를 때 최적의 디노이징 함수를 해석적으로 설명하고 디노이징 점수 매칭으로 추정한 디노이징이 점수와 일치한다는 것을 증명한다[8].

증명

데이터 집합을 $D = \{\mathbf{x}^{(1)}, \mathbf{x}^{(2)}, ..., \mathbf{x}^{(N)}\}$로 둔다. 또 $p_{\text{data}}(\mathbf{x})$를 훈련 데이터의 델타함수의 혼합분포로 둔다.

$$p_{\text{data}}(\mathbf{x}) = \frac{1}{N}\sum_{i=1}^{N}\delta(\mathbf{x} - \mathbf{x}_i)$$

여기서 $\delta(\mathbf{x})$는 $\mathbf{x} = 0$일 때 ∞, $\mathbf{x} \neq 0$일 때 0인 델타함수이다.

이때 섭동 후 분포 $p_\sigma(\tilde{\mathbf{x}}) = p_{\text{data}} * \mathcal{N}(\mathbf{0}, \sigma(t)^2\mathbf{I})$는 해석적으로 구할 수 있다. 여기서 *는 확률밀도 간의 합성곱 연산이다.

$$\begin{aligned}
p_\sigma(\tilde{\mathbf{x}}) &= p_{\text{data}} * \mathcal{N}(\mathbf{0}, \sigma(t)^2\mathbf{I}) \\
&= \int_{\mathbf{x}_0 \in \mathbb{R}^d} p_{\text{data}}(\mathbf{x}_0)\mathcal{N}(\tilde{\mathbf{x}}; \mathbf{x}_0, \sigma^2\mathbf{I})\mathrm{d}\mathbf{x}_0 \\
&= \int_{\mathbf{x}_0 \in \mathbb{R}^d} \left[\frac{1}{N}\sum_{i=1}^{N}\delta(\mathbf{x}_0 - \mathbf{x}^{(i)})\right]\mathcal{N}(\tilde{\mathbf{x}}; \mathbf{x}_0, \sigma^2\mathbf{I})\mathrm{d}\mathbf{x}_0 \\
&= \frac{1}{N}\sum_{i=1}^{N}\int_{\mathbf{x}_0 \in \mathbb{R}^d} \mathcal{N}(\tilde{\mathbf{x}}; \mathbf{x}_0, \sigma^2\mathbf{I})\delta(\mathbf{x}_0 - \mathbf{x}^{(i)})\mathrm{d}\mathbf{x}_0 \\
&= \frac{1}{N}\sum_{i=1}^{N}\mathcal{N}(\tilde{\mathbf{x}}; \mathbf{x}^{(i)}, \sigma^2\mathbf{I})
\end{aligned}$$

즉, $p_\sigma(\tilde{\mathbf{x}})$는 평균이 훈련 데이터 $\mathbf{x}^{(i)}$, 분산이 $\sigma^2\mathbf{I}$인 정규분포의 혼합분포로 볼 수 있다.

디노이징 점수 매칭의 목적함수는 식 (1.11)을 변형하면

$$\frac{1}{2}\mathbb{E}_{\mathbf{x}\sim p_{\text{data}}(\mathbf{x}),\epsilon\sim\mathcal{N}(\mathbf{0},\sigma^2\mathbf{I})}\left[\|-\frac{\epsilon}{\sigma^2}-\mathbf{s}_\theta(\mathbf{x}+\epsilon,\sigma)\|^2\right]$$

$$=\frac{1}{2}\mathbb{E}_{\mathbf{x}\sim p_{\text{data}}(\mathbf{x}),\tilde{\mathbf{x}}\sim\mathcal{N}(\mathbf{x},\sigma^2\mathbf{I})}\left[\|\frac{\mathbf{x}-\tilde{\mathbf{x}}}{\sigma^2}-\mathbf{s}_\theta(\tilde{\mathbf{x}},\sigma)\|^2\right]$$

$$(-\epsilon=\mathbf{x}-\tilde{\mathbf{x}}\text{로부터})$$

$$=\frac{1}{2}\int_{\tilde{\mathbf{x}}\in\mathbb{R}^d}\underbrace{\frac{1}{N}\sum_{i=1}^{N}\mathcal{N}(\tilde{\mathbf{x}};\mathbf{x}^{(i)},\sigma^2\mathbf{I})\|\mathbf{d}^{(i)}-\mathbf{s}_\theta(\tilde{\mathbf{x}},\sigma)\|^2}_{:=\mathcal{L}(\mathbf{s};\tilde{\mathbf{x}},\sigma)}\,\mathrm{d}\tilde{\mathbf{x}}$$

가 된다. 여기서 $\mathbf{d}^{(i)}=\frac{\mathbf{x}^{(i)}-\tilde{\mathbf{x}}}{\sigma^2}$는 섭동 후의 표본으로부터 원래 표본으로의 디노이징을 분산으로 정규화한 것이다. 각 $\tilde{\mathbf{x}}$에서 $\mathcal{L}(\mathbf{s};\tilde{\mathbf{x}},\sigma)$을 최소화하면 전체를 최소화할 수 있다.

식 $\mathcal{L}(\mathbf{s};\tilde{\mathbf{x}},\sigma)$는 $\mathbf{s}_\theta(\tilde{\mathbf{x}},\sigma)$에 대한 볼록 최적화 문제이다. 그래서 $\mathcal{L}$이 최솟값을 가지는 $\mathbf{s}_\theta(\tilde{\mathbf{x}},\sigma)$를 구하기 위해서는 $\mathbf{s}_\theta(\tilde{\mathbf{x}},\sigma)$에 대해 미분하여 0이 되는 값을 구하면 된다.

$$\nabla_{\mathbf{s}_\theta(\tilde{\mathbf{x}},\sigma)}\left[\mathcal{L}(\mathbf{s};\tilde{\mathbf{x}},\sigma)\right]=-\frac{2}{N}\sum_{i=1}^{N}\mathcal{N}(\tilde{\mathbf{x}};\mathbf{x}^{(i)},\sigma^2\mathbf{I})[\mathbf{d}^{(i)}-\mathbf{s}_\theta(\tilde{\mathbf{x}},\sigma)]=0$$

이것을 변형하면 최적의 디노이징 함수는 다음과 같이 해석적으로 구해진다.

$$\mathbf{s}_\theta(\tilde{\mathbf{x}},\sigma)=\frac{\sum_i\mathcal{N}(\tilde{\mathbf{x}};\mathbf{x}^{(i)},\sigma^2\mathbf{I})\mathbf{d}^{(i)}}{\sum_i\mathcal{N}(\tilde{\mathbf{x}};\mathbf{x}^{(i)},\sigma^2\mathbf{I})}$$

이 식의 의미는 어떤 점 $\tilde{\mathbf{x}}$의 디노이징이란 그 점 $\tilde{\mathbf{x}}$이 각 훈련 데이터 $\mathbf{x}^{(i)}$의 섭동의 결과라고 했을 때의 디노이징을

$$\mathcal{N}(\tilde{\mathbf{x}};\mathbf{x}^{(i)},\sigma^2\mathbf{I})=\frac{1}{(2\pi\sigma^2)^{-d/2}}\exp\left(-\frac{\|\tilde{\mathbf{x}}-\mathbf{x}^{(i)}\|^2}{2\sigma^2}\right)$$

로 상대적 가중치를 부여한 합이라는 것이다(그림 1.13). 이것은 현재 위치와 표본이 가까우면 그 표본 쪽으로 디노이징되는 가중치가 급격히 커지는 방식이다.

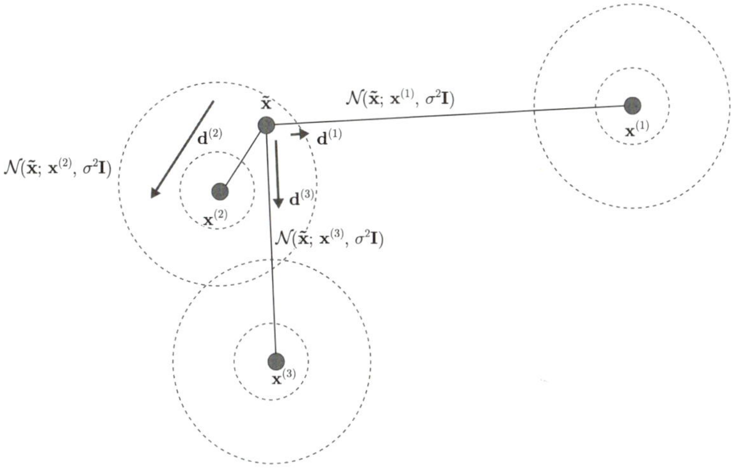

$\tilde{\mathbf{x}}$를 디노이징했을 때의 최적의 해석해는 $\tilde{\mathbf{x}}$가 각 훈련 데이터 $\mathbf{x}^{(i)}$의 섭동 결과라고 봤을 때의 디노이징을 $\mathcal{N}(\tilde{\mathbf{x}}; \mathbf{x}^{(i)}, \sigma^2\mathbf{I})$로 상대적 가중치를 부여하여 합한 것이다. 이 디노이징은 점수 $\nabla_{\tilde{\mathbf{x}}} \log p_\sigma(\tilde{\mathbf{x}})$와 일치한다.

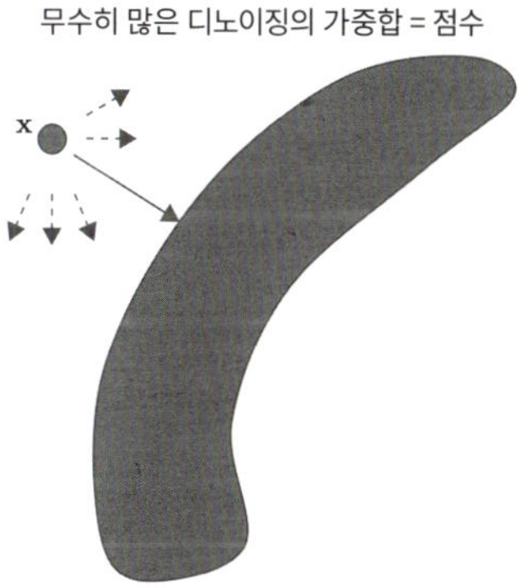

디노이징은 무수히 많은 데이터로 이루어진 데이터 분포에서 밀도가 큰 방향을 향한다 = 점수(로그 우도의 기울기)로 볼 수 있다(회색 영역이 데이터 분포의 밀도가 큰 영역).

그림 1.13

또 점수 함수는 정의로부터

$$\begin{aligned}\nabla_{\tilde{\mathbf{x}}} \log p_\sigma(\tilde{\mathbf{x}}) &= \frac{\nabla_{\tilde{\mathbf{x}}} p_\sigma(\tilde{\mathbf{x}})}{p_\sigma(\tilde{\mathbf{x}})} \\ &= \frac{\nabla_{\tilde{\mathbf{x}}} \frac{1}{N} \sum_{i=1}^{N} \mathcal{N}(\tilde{\mathbf{x}}; \mathbf{x}^{(i)}, \sigma^2 \mathbf{I})}{\frac{1}{N} \sum_{i=1}^{N} \mathcal{N}(\tilde{\mathbf{x}}; \mathbf{x}^{(i)}, \sigma^2 \mathbf{I})} \\ &= \frac{\sum_{i=1}^{N} \nabla_{\tilde{\mathbf{x}}} \mathcal{N}(\tilde{\mathbf{x}}; \mathbf{x}^{(i)}, \sigma^2 \mathbf{I})}{\sum_{i=1}^{N} \mathcal{N}(\tilde{\mathbf{x}}; \mathbf{x}^{(i)}, \sigma^2 \mathbf{I})}\end{aligned}$$

이다. 정규분포 $\mathcal{N}(\tilde{\mathbf{x}}; \mathbf{x}^{(i)}, \sigma^2 \mathbf{I})$의 입력 $\tilde{\mathbf{x}}$에 대한 기울기는

$$\begin{aligned}&\nabla_{\tilde{\mathbf{x}}} \mathcal{N}(\tilde{\mathbf{x}}; \mathbf{x}^{(i)}, \sigma^2 \mathbf{I}) \\ &\quad = \nabla_{\tilde{\mathbf{x}}} \left[\frac{1}{(2\pi\sigma^2)^{-d/2}} \exp\left(- \frac{\|\tilde{\mathbf{x}} - \mathbf{x}^{(i)}\|^2}{2\sigma^2} \right) \right] \\ &\quad = \left[\frac{1}{(2\pi\sigma^2)^{-d/2}} \exp\left(- \frac{\|\tilde{\mathbf{x}} - \mathbf{x}^{(i)}\|^2}{2\sigma^2} \right) \right] \nabla_{\tilde{\mathbf{x}}} \left(- \frac{\|\tilde{\mathbf{x}} - \mathbf{x}^{(i)}\|^2}{2\sigma^2} \right) \\ &\quad = \mathcal{N}(\tilde{\mathbf{x}}; \mathbf{x}^{(i)}, \sigma^2 \mathbf{I}) \left[- \frac{\tilde{\mathbf{x}} - \mathbf{x}^{(i)}}{\sigma^2} \right] \\ &\quad = \mathcal{N}(\tilde{\mathbf{x}}; \mathbf{x}^{(i)}, \sigma^2 \mathbf{I}) \mathbf{d}^{(i)}\end{aligned}$$

가 된다. 이로부터

$$\nabla_{\tilde{\mathbf{x}}} \log p_\sigma(\tilde{\mathbf{x}}) = \frac{\sum_{i=1}^{N} \mathcal{N}(\tilde{\mathbf{x}}; \mathbf{x}^{(i)}, \sigma^2 \mathbf{I}) \mathbf{d}^{(i)}}{\sum_{i=1}^{N} \mathcal{N}(\tilde{\mathbf{x}}; \mathbf{x}^{(i)}, \sigma^2 \mathbf{I})}$$

가 된다. 즉, 디노이징 점수 매칭의 최적해와 점수는 일치한다. (증명 끝)

1.5.8 점수 매칭 방법 정리

명시적 점수 매칭 $J_{\mathrm{ESM}_p}(\theta)$는 직접 점수를 추정하는 방법이지만, 대부분의 확률분포는 점수를 알지 못하기 때문에 그대로는 적용할 수 없다. 암묵적 점수 매칭 $J_{\mathrm{ISM}_p}(\theta)$는 점수를 알지 못하더라도 확률분포가 몇 가지 가정을 만족한다면 점수를 계산할 수 있다. 그러나 목적함수 안의 2차 미분의 합을 구하는 부분의 계산량이 크며 또 그대로는 과적합되기 쉽다는 문제가 있었다.

과적합되기 쉬운 문제는 데이터 분포의 점수를 계산하지 않고 각 데이터에 섭동을 추가한 후의 분포(섭동 후 데이터 분포)의 명시적 점수 매칭 $J_{\mathrm{ESM}_{p_\sigma}}(\theta)$와 암묵적 점수 매칭 $J_{\mathrm{ISM}_{p_\sigma}}(\theta)$를 계산하면 해결할 수 있다($p$가 아니라 p_σ로 되어 있다는 점에 주의).

디노이징 점수 매칭 $J_{\mathrm{DSM}_{p_\sigma}}(\theta)$는 잡음을 추가한 데이터로부터 추가한 잡음을 예측하는 문제를 풀면 섭동 후 데이터 분포의 점수를 구할 수 있다. 디노이징 점수 매칭은 섭동을 추가해서 과적합을 막을 수 있으며 또한 계산량은 입력 차원과 선형관계이다.

요약

이 장에서는 고차원 데이터 생성 모델의 학습과 표본추출의 어려움에 관해 설명하고 특히 모든 데이터의 정보를 가지는 분배함수를 다루기가 어렵다는 것과 확률이 큰 영역을 효율적으로 탐색하기 어렵다는 것을 설명했다. 로그 우도의 기울기인 점수는 분배함수를 사용할 필요가 없으며, 또한 점수를 사용한 랑주뱅 몬테카를로 방법은 점수가 정의하는 확률분포로부터 표본을 추출하고 확률이 큰 영역을 효율적으로 탐색할 수 있다는 것을 설명했다.

그리고 훈련 데이터에서 점수를 추정하는 방법으로, 특히 디노이징 점수 매칭은 과적합을 방지하면서 고차원 데이터에서도 효율적으로 구할 수 있다는 것을 보였다.

CHAPTER 2

확산 모델

이 장에서는 확산 모델이라고 부르는 생성 모델을 소개한다. 확산 모델은 점수 기반 모델과 디노이징 확산확률 모델이라는 두 개의 모델로부터 도출되며 신호 대 잡음비라는 통일적인 틀로 설명할 수 있다. 확산 모델은 여러 개의 섭동 후 분포의 점수를 조합한 랑주뱅 몬테카를로 방법, 무한한 깊이를 가진 잠재변수 모델 등 다양한 관점으로 볼 수 있는 생성 모델이다.

2.1 점수 기반 모델과 디노이징 확산확률 모델

이 장에서는 두개의 생성 모델을 차례로 소개한다.

첫 번째는 점수 기반 모델SBM이다. 1장에서 살펴본 것처럼 디노이징 점수 매칭으로 추정한 점수를 사용하는 랑주뱅 몬테카를로 방법을 이용해서 대상 확률분포로부터 표본을 얻을 수 있다. 그러나 실제로는 점수 추정에 문제가 있고 표본추출에 매우 오랜 시간이 필요하며 고차원 다봉분포에서는 표본추출이 잘되지 않는다는 문제가 있다. 이런 문제를 해결하기 위해서 여러 개의 크기가 다른 잡음으로 섭동한 분포상에서 점수를 학습하고 랑주뱅 몬테카를로 방법을 이용해서 데이터를 생성하는 것을 살펴본다.

두 번째는 디노이징 확산확률 모델Denoising Diffusion Probabilistic Model, DDPM이다. DDPM은

데이터에 서서히 잡음을 추가해가면서 완전한 잡음이 되는 확산 과정과 이 확산 과정을 되돌아가는 역확산 과정으로 잡음으로부터 데이터를 생성한다. 이 생성 과정을 잠재 변수 모델로 보고, 로그 우도의 하한인 ELBO 최대화로 학습한다.

이 두 생성 모델은 유도 방법과 가중치 매개변수만 다를 뿐 동일한 목적함수를 사용해서 학습하기 때문에 통일적으로 다룰 수 있다는 것을 설명한다.

따라서 SBM과 DDPM을 합쳐서 확산 모델이라고 부르기로 한다.

2.2 점수 기반 모델

먼저 점수 기반 모델SBM[9][10]에 대해 알아보자.

2.2.1 추정한 점수를 사용하는 랑주뱅 몬테카를로 방법의 문제점

1장에서는 점수를 사용한 랑주뱅 몬테카를로 방법으로 확률분포 $p(\mathbf{x})$로부터 표본을 얻을 수 있다는 것을 살펴보았다. 그러나 실제로 이 방법으로 고차원의 다봉분포로부터 표본을 추출하는 데에는 두 가지 문제가 있다.

첫 번째 문제는 디노이징 점수 매칭 등으로 추정된 점수 함수는 데이터 분포의 밀도가 작은 영역에서 부정확하다는 것이다(그림 2.1). 이것은 다음과 같이 목적함수가 데이터 분포 $p(\mathbf{x})$로 가중치를 부여한 점수의 차이로 나타나기 때문에 $p(\mathbf{x})$가 작은 영역이 $p(\mathbf{x})$가 큰 영역에 비해 상대적으로 무시되기 때문이다.

$$
\begin{aligned}
J_{\mathrm{ESM}_p}(\theta) &= \frac{1}{2}\mathbb{E}_{p(\mathbf{x})}\left[\|\nabla_{\mathbf{x}} \log p(\mathbf{x}) - \mathbf{s}_\theta(\mathbf{x})\|^2\right] \\
&= \frac{1}{2}\int p(\mathbf{x})\|\nabla_{\mathbf{x}} \log p(\mathbf{x}) - \mathbf{s}_\theta(\mathbf{x})\|^2 \mathrm{d}\mathbf{x}
\end{aligned}
$$

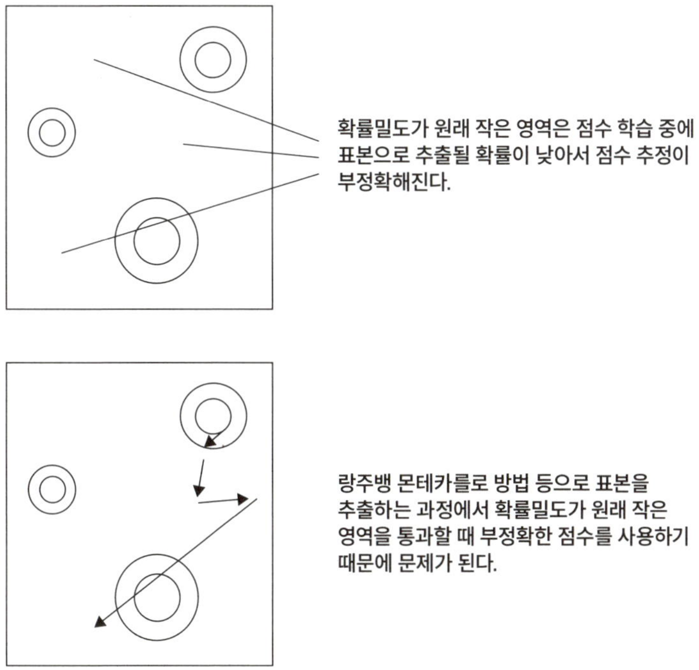

확률밀도가 원래 작은 영역은 점수 학습 중에 표본으로 추출될 확률이 낮아서 점수 추정이 부정확해진다.
랑주뱅 몬테카를로 방법 등으로 표본을 추출하는 과정에서 확률밀도가 원래 작은 영역을 통과할 때 부정확한 점수를 사용하기 때문에 문제가 된다.

그림 2.1

우리가 흥미를 느끼는 이 세상의 데이터(이미지, 음성, 동영상 등)는 고차원 중에서 극히 일부 데이터의 조합만이 0이 아닌 확률을 가진다고 생각할 수 있다. 즉, 데이터 간에 강한 상관관계가 있고 가능한 고차원의 조합을 대부분 무시할 수 있으므로 겉보기 차원보다 훨씬 적은 매개변수의 개수로 지배되고 있다는 다양체 가설이 성립한다고 생각할 수 있다. 이런 경우에는 대부분 영역에서 $p(\mathbf{x}) \simeq 0$이다. 이런 영역에서 데이터는 표본으로 추출되지 않기 때문에, 그 영역의 점수는 학습되지 않는 미학습 상태가 된다.

다양체 가설이 성립하는 데이터 분포의 경우에 초기 분포로부터의 표본 $\mathbf{x}_0 \sim \pi(\mathbf{x})$은 데이터 분포의 확률밀도가 작은 영역에 존재할 가능성이 높다. 또한 표본추출 도중에 이산화 오차 때문에 우연히 데이터 분포의 확률밀도가 작은 영역을 통과할 가능성도 높다. 이런 영역에서는 추정한 점수가 부정확하므로 랑주뱅 몬테카를로 방법을 이용한 갱신도 부정확해져서 정확한 표본을 얻을 수 없다. 많은 경우 표본은 발산해서 대부분 잡음과 같은 표본밖에 얻을 수 없다.

두 번째는 MCMC 방법을 사용한 표본추출에 공통되는 문제인데, 데이터 분포가 다봉 분포라면 어떤 모드(확률이 큰 영역)에서 다른 모드로 이동할 때 확률이 작은 영역을 통과하기 위해서는 매우 많은 스텝이 필요하다는 점이다. MCMC 방법에서는 이동할 목표로서 확률이 작은 영역이 후보로 선택될 확률이 0은 아니지만 매우 작은 값이기 때문에 확률이 작은 영역을 넘어서 다른 모드에 우연히 도달할 가능성은 매우 낮다.

예를 들어 랑주뱅 몬테카를로 방법이 어떻게 움직이는지 살펴보자. 갱신 규칙을 다시 보자.

$$\mathbf{x}_k := \mathbf{x}_{k-1} + \alpha \nabla_{\mathbf{x}} \log p(\mathbf{x}_{k-1}) + \sqrt{2\alpha}\mathbf{u}_k, \quad \mathbf{u}_k \sim \mathcal{N}(\mathbf{0}, \mathbf{I})$$

어떤 모드나 그 주변에 있을 때 점수 $\nabla_{\mathrm{x}} \log p(\mathbf{x})$는 항상 모드의 중심을 향하고 있다. 따라서 어떤 모드에서 다른 모드로 이동하기 위해서는 잡음의 힘만을 사용해서 점수가 당기는 힘을 거스르면서 다른 모드의 영역(점수가 다른 모드의 중심을 가리키는 영역)까지 도달해야 한다.

그렇지 않아도 무작위 방향을 가지는 잡음 $\mathbf{u}_k$ 때문에 멀리 이동하기 위해서는 많은 스텝 수가 필요한데 현재 모드에 의한 점수의 영향을 받으면서 다른 모드에 도착하기 위해서는 매우 많은 스텝 수가 필요하게 된다.

2.2.2 점수 기반 모델은 여러 개의 교란 후 분포의 점수를 조합한다

SBM은 이런 문제를 해결하기 위해서 데이터 분포로서 여러 개의 다른 크기의 잡음으로 교란한 교란 후 분포들을 준비해서 이 교란 후 분포상에서 점수를 계산한다.

여기서는 데이터 전체를 파괴할 만큼 큰 잡음을 사용하기 때문에 작은 교란을 의미하는 섭동이 아니라 교란이라는 단어를 사용한다(영어로는 모두 perturb이다).

교란 후 분포는 원래 데이터보다 넓은 영역으로 퍼져 있을 것으로 기대되므로 원래 데이터가 존재하지 않는 영역에서도 점수가 학습되고 교란 후 분포는 원래의 분포보다 완만

하며, 특히 원래의 데이터 형태가 사라질 정도로 강한 교란을 사용한 경우의 교란 후 분포는 다른 모드들이 서로 연결된 단봉분포가 된다.

그리고 가장 강한 교란 후 분포에서 랑주뱅 몬테카를로 방법으로 얻은 결과를 초깃값으로 사용해서 그보다 교란이 적은 분포에서 랑주뱅 몬테카를로 방법을 실행한다. 이 과정을 반복하면 원래 분포에 다봉성이 있다 하더라도 교란 후 분포로부터 표본을 추출하면, 그 봉우리들을 모두 담아낼 수 있을 것으로 기대된다.

이런 개념은 최적화 문제에서 담금질 기법simulated annealing이나 그것을 MCMC 방법에 적용한 방법과 비슷하다. 이 방법과 교란 후 분포를 사용한 경우의 차이에 대해 알아보자. 담금질 기법을 적용한 MCMC 방법은 확률이 낮은 영역의 채택 확률도 높여서(확률분포를 균등분포에 가깝게 한다) 확률이 낮은 영역도 효율적으로 탐색하게 하는 접근이다. 하지만 이 담금질 기법은 각 점의 확률을 바꿀 뿐 공간 방향으로는 확률밀도를 바꾸지 않기 때문에 모드에 도달할 수 있는 정보를 주변에 주지 않는다. 극단적인 예로 데이터 분포가 델타 분포와 같이 모드 주변만 높은 확률이고 그 이외의 확률이 0인 경우를 생각해보자. 이 경우에 담금질 기법으로 온도를 올려서 균등분포에 가깝게 하더라도 모드 이외의 부분은 평탄한 모양이기 때문에, 확률이 낮은 영역에서는 어느 방향으로 이동해야 모드에 도달할 수 있는지는 알 수 없다. 따라서 탐색은 확률보행random walk 과정과 차이가 없게 된다.

이에 반해 교란 후 분포는 교란할 때마다 높은 확률밀도의 영역이 주변 공간 방향으로 확산된다. 이런 확산으로 인해 모드가 어디에 있는지에 대한 정보를 주변에 전달할 수 있다. 이것과 점수를 이용한 탐색을 조합하면 확산한 후의 분포상에서의 랑주뱅 몬테카를로 방법은 각 모드를 효율적으로 탐색할 수 있다.

그러면 SBM에 대해서 구체적으로 알아보자. T개의 다른 잡음의 크기 $\sigma_{\min} = \sigma_1 < \sigma_2 < \dots < \sigma_T = \sigma_{\max}$를 사용해서 확률분포를 교란하는 경우를 생각해보자. 이들 교란 후의 분포를 각각 $p_{\sigma_t}(\tilde{\mathbf{x}})$로 한다.

$$p_{\sigma_t}(\tilde{\mathbf{x}}) = \int p(\mathbf{x})\mathcal{N}(\tilde{\mathbf{x}}; \mathbf{x}, \sigma_t^2\mathbf{I})\mathrm{d}\mathbf{x}$$

이 교란 후 분포 $p_{\sigma_t}(\tilde{\mathbf{x}})$로부터의 표본은 변수변환 방법을 쓰게 되는데, $\mathbf{x} \sim p(\mathbf{x})$를 추출한 후에 $\mathbf{x} + \sigma_t\mathbf{u}$ (여기서 $\mathbf{u} \sim \mathcal{N}(0, \mathbf{I})$)로 추출하여 얻는다.

가장 큰 잡음인 $\sigma_{\max}$는 원래의 데이터 분포 $p(\mathbf{x})$가 거의 사라져서 $p_{\sigma_{\max}}(\tilde{\mathbf{x}}) \simeq \mathcal{N}(\tilde{\mathbf{x}}; \mathbf{0}, \sigma_T^2\mathbf{I})$가 될 정도로 크게 하고 최소 크기의 σ_1은 $\sigma_1 \sim 0$가 될 정도의 작은 값이 되도록 하고 σ_t는 등비수열로 설정하는 것이 일반적이다.

다음으로 각각의 교란 후 분포 $p_{\sigma_t}(\tilde{\mathbf{x}})$상의 점수 $\nabla_{\tilde{\mathbf{x}}} \log p_{\sigma_t}(\tilde{\mathbf{x}}), t = 1, 2, \ldots, T$를 추정한다(그림 2.2).

$$L_{\mathrm{SBM}}(\theta) := \sum_{t=1}^{T} w_t \mathbb{E}_{p_{\sigma_t}(\tilde{\mathbf{x}})} \left[\|\nabla_{\tilde{\mathbf{x}}} \log p_{\sigma_t}(\tilde{\mathbf{x}}) - \mathbf{s}_\theta(\tilde{\mathbf{x}}, \sigma_t)\|^2 \right]$$

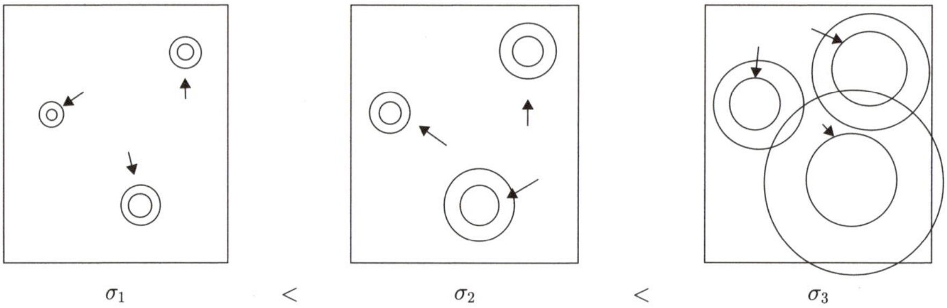

서로 다른 크기의 잡음을 사용해서 확률분포를 섭동(교란)시켜서 각각의 점수를 학습한다.

그림 2.2

이 경우 점수 함수 $\mathbf{s}_\theta(\tilde{\mathbf{x}}, \sigma_t)$는 입력과 잡음의 크기 σ_t를 이용해서 그 교란 후 분포 때의 점수를 추정할 수 있게 된다. 즉 다른 크기의 잡음을 받는 점수 모델의 매개변수는 공유된다. 또한 w_t는 각 잡음 크기 σ_t에 대한 손실의 가중치이다. Song 논문의 예비 실험[9]에서 점수의 스케일이 $\|\mathbf{s}_\theta(\tilde{\mathbf{x}}, \sigma_t)\| \propto 1/\sigma_t$가 되기 때문에, $w_t = {\sigma_t}^2$라고 두면 각 항의 스케일이 같은 정도가 될 것으로 기대된다.

이 점수는 1장에서 소개한 디노이징 점수 매칭을 사용해서 추정한다. 다시 말해서 SBM은 디노이징 점수 매칭에 사용하는 섭동의 크기를 바꿔서 학습함으로써 섭동 후 분포의 점수를 계산한다.

$$\sum_{t=1}^{T} w_t \mathbb{E}_{\mathbf{x} \sim p_{\mathrm{data}}(\mathbf{x}), \tilde{\mathbf{x}} \sim \mathcal{N}(\mathbf{x}, \sigma_t^2 \mathbf{I})} \left[\left\| \frac{\mathbf{x} - \tilde{\mathbf{x}}}{\sigma_t^2} - \mathbf{s}_\theta(\tilde{\mathbf{x}}, \sigma_t) \right\|^2 \right]$$

필요한 스텝 수 T는 데이터 분포의 복잡성 등에 의존하는데, 이미지 생성과 같은 경우에 T는 수백에서 수천 정도 필요하다. 한편 이 모델은 크기가 다른 잡음들도 모두 하나의 모델 $\mathbf{s}_\theta(\tilde{\mathbf{x}}, \sigma_\mathbf{t})$로 나타낼 수 있다. 학습할 때는 다양한 잡음의 크기를 추출하고 그에 따라 학습하면 된다.

SBM의 표본은 서서히 작은 잡음을 사용한 각각의 교란 후 분포에서 랑주뱅 몬테카를로 방법으로 추출한다. 각 잡음 단계에서 최종적으로 얻은 표본을 초깃값으로 한 후, 잡음 단계를 한 단계 낮춘 교란 후 분포상에서의 표본을 추출하면서 이 과정을 반복한다.

SBM의 표본추출을 정리하면 다음과 같다.

알고리즘 2.1 SBM 표본추출

$\mathbf{x}_{T,0}$를 초기화(예: $\mathbf{x}_{T,0} \sim \mathcal{N}(\mathbf{0}, \sigma_T^2 \mathbf{I})$)
α: 스텝 폭의 스케일
for $t = T, \ldots, 1$ **do**
    $\alpha_t := \alpha \sigma_t^2 / \sigma_T^2$
    for $k = 1, \ldots, K$ **do**
        $\mathbf{u}_k \sim \mathcal{N}(\mathbf{0}, \mathbf{I})$
        if $(t = 1$ **and** $k = K)$ **then** $\mathbf{u}_k := \mathbf{0}$
        $\mathbf{x}_{t,k} := \mathbf{x}_{t,k-1} + \alpha_t s_\theta(\mathbf{x}_{t,k-1}, \sigma_t) + \sqrt{2\alpha_t}\mathbf{u}_k$
    end for
    $\mathbf{x}_{t-1,0} := \mathbf{x}_{t,K}$
end for
return $\mathbf{x}_{0,0}$

이 경우에 각 잡음 단계에서의 반복 횟수가 $K \to \infty$, $\alpha \to 0$가 되었을 때, $q_{\sigma_{\min}}(\mathbf{x}) \approx p_{\text{data}}(\mathbf{x})$가 된다.

7행처럼 마지막 반복($t = 1$, $k = K$)에서는 잡음($\mathbf{u}_K$)을 추가하지 않고 디노이징($\mathbf{x}_{1,K} := \mathbf{x}_{1,K-1} + \alpha_1 \mathbf{s}_\theta(\mathbf{x}_{1,K-1}, \sigma_1)$)만 수행함으로써 표본의 최종 품질을 크게 개선할 수 있다.

이렇게 SBM은 여러 개의 교란 후 분포의 점수를 조합해서 다봉분포에서도 효율적으로 표본을 추출할 수 있다.

2.3 디노이징 확산확률 모델

다음으로 소개할 것은 디노이징 확산확률 모델DDPM[11][12]이다. DDPM은 데이터에 잡음을 서서히 추가해가면서 완전한 잡음으로 변해가는 확산 과정과 확산 과정의 반대인 역확산 과정을 사용해서 잡음으로부터 데이터를 생성한다. 이 역확산 과정이 생성 모델을 정의한다.

앞에서 언급한 것처럼 SBM은 여러 크기의 잡음으로 교란한 교란 후 분포상에서 점수를 학습해서 MCMC 방법을 적용하면 학습할 때의 문제를 극복하고 다봉분포에서도 효율적으로 표본추출을 할 수 있는 방법이었다. 학습은 디노이징 점수 매칭으로 구현되고 표본추출은 랑주뱅 몬테카를로 방법을 사용한다. 이에 반해 DDPM은 잡음이 추가된 데이터를 관측변수를 생성한 잠재변수로 보고 잠재변수 모델로서 최대우도추정으로 학습하고, 역확산 과정에 따라 잠재변수를 순서대로 표본추출(조상 샘플링ancestral sampling)해서 최종 관측변수인 데이터를 추출한다. 이렇게 SBM과 DDPM은 언뜻 보기에는 다른 방법으로 보이지만, 가중치만 다르고 동일한 목적함수를 사용해서 최적화하는 확산 모델이라는 통일적인 구조로 다룰 수 있음을 살펴본다.

2.3.1 확산 과정과 역확산 과정으로 이루어진 잠재변수 모델

그러면 DDPM에 대해 구체적으로 알아보자. DDPM은 다음과 같은 잠재변수 모델로 볼 수 있다(그림 2.3).

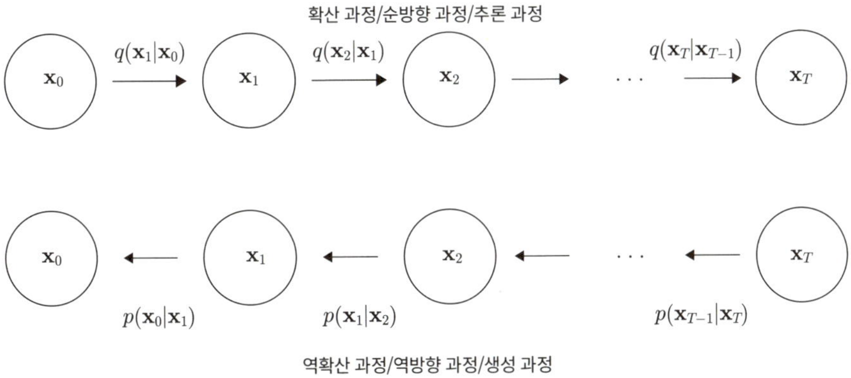

DDPM은 데이터에 서서히 잡음을 추가해가는 확산 과정의 반대인 역확산 과정으로 데이터를 생성한다. $\mathbf{x}_1$, ..., $\mathbf{x}_T$를 잠재변수로 하는 잠재변수 모델로 볼 수 있으며 확산 과정은 고정된 추론 과정, 역확산 과정은 생성 과정이다.

그림 2.3

데이터 $\mathbf{x}_0$의 데이터 성분을 서서히 작게 하면서 잡음을 서서히 추가한 데이터 $\mathbf{x}_1$, $\mathbf{x}_2$, ..., $\mathbf{x}_T$를 얻는 마르코프 과정을 생각해보자.

$$q(\mathbf{x}_{1:T}|\mathbf{x}_0) := \prod_{t=1}^{T} q(\mathbf{x}_t|\mathbf{x}_{t-1})$$

$$q(\mathbf{x}_t|\mathbf{x}_{t-1}) := \mathcal{N}(\mathbf{x}_t; \sqrt{\alpha_t}\mathbf{x}_{t-1}, \beta_t\mathbf{I})$$

여기서 $0 < \beta_1 < \beta_2 < ... < \beta_T < 1$은 분산의 크기를 제어하는 매개변수이며 $\alpha_t := 1 - \beta_t$로 둔다. 이것들을 합쳐서 잡음 스케줄이라고 한다. 이 확산 과정을 반복하면 데이터 성분은 서서히 작아지고($\sqrt{\alpha_t} < 1$) 잡음은 커져서 임의의 $\mathbf{x}_0$에 대해서 $q(\mathbf{x}_T|\mathbf{x}_0) \simeq \mathcal{N}(\mathbf{x}_T; \mathbf{0}, \mathbf{I})$가 성립하기 때문에, 그 주변확률이 $q(\mathbf{x}_T) \simeq \mathcal{N}(\mathbf{x}_T; \mathbf{0}, \mathbf{I})$인 표본으로 볼 수 있다. 이 마르코프 과정의 동시 분포를 확산 과정 또는 순방향 과정이라고 한다. 잠재변수 모델이라는 관점에서 보면 확산 과정은 추론 과정이다.

다음으로 완전한 잡음 $\mathcal{N}(\mathbf{x}_T; \mathbf{0}, \mathbf{I})$으로부터 시작해서 확산 과정을 반대로 진행하는 마르코프 과정의 동시 분포를 역확산 과정 또는 역방향 과정이라고 부르는 생성 과정이다. 각 단계는 정규분포로 나타내고 이들의 평균과 공분산행렬은 이전 시간의 변수 $\mathbf{x}_t$

와 시간 t를 입력으로 받고 매개변수 θ로 표현한 모델로 나타낸다. 예를 들어 신경망을 사용해서 모델링하면 다음과 같다.

$$
\begin{aligned}
p_\theta(\mathbf{x}_{0:T}) &:= p(\mathbf{x}_T)\prod_{t=1}^{T} p_\theta(\mathbf{x}_{t-1}|\mathbf{x}_t) \\
p_\theta(\mathbf{x}_{t-1}|\mathbf{x}_t) &:= \mathcal{N}(\mathbf{x}_{t-1}; \mu_\theta(\mathbf{x}_t, t), \mathbf{\Sigma}_\theta(\mathbf{x}_t, t)) \\
p(\mathbf{x}_T) &= \mathcal{N}(\mathbf{x}_T; \mathbf{0}, \mathbf{I})
\end{aligned}
$$

이 역확산 과정은 반드시 정규분포로 나타낼 수 있는 것은 아니지만 β_t가 충분히 작은 경우는 확산 과정과 역확산 과정이 동일한 함수 형태를 가진다는 것을 증명할 수 있으므로 역확산 과정에 정규분포를 사용하는 것을 정당화할 수 있다[13].

확산 과정의 잡음 스케줄 $\{\beta_t\}$은 하이퍼파라미터로도 지정할 수 있지만 학습으로 결정할 수도 있다. 잡음 스케줄을 학습으로 결정하는 방법은 뒷부분에서 소개한다.

확산 과정은 마르코프 과정이지만 임의의 시간 t에서의 표본 $\mathbf{x}_t \sim q(\mathbf{x}_t|\mathbf{x}_0)$을 해석적으로 구할 수 있다는 장점이 있다. 이것은 잡음에 정규분포를 사용하기 때문에 성립하는 성질로 정규분포의 재생성再生性(2개의 정규분포로부터의 표본의 합은 다시 정규분포를 따른다) 덕분이다. 마찬가지로 재생성을 가진 다른 분포의 경우에도 해석적으로 구할 수 있다. 구체적으로는 다음과 같이 구할 수 있다.

$$
\begin{aligned}
q(\mathbf{x}_t|\mathbf{x}_0) &= \mathcal{N}(\mathbf{x}_t; \sqrt{\bar{\alpha}_t}\mathbf{x}_0, \bar{\beta}_t\mathbf{I}) \\
\bar{\alpha}_t &:= \prod_{s=1}^{t} \alpha_s \\
\bar{\beta}_t &:= 1 - \bar{\alpha}_t
\end{aligned}
\tag{2.1}
$$

임의의 시간의 확산 조건부확률 증명

여기에서는 $q(\mathbf{x}_t|\mathbf{x}_0) = \mathcal{N}(\mathbf{x}_t; \sqrt{\bar{\alpha}_t}\mathbf{x}_0, \bar{\beta}_t\mathbf{I})$가 성립한다는 것을 귀납법으로 증명한다.

증명

먼저 $t = 1$일 때, 정의로부터 $q(\mathbf{x}_1|\mathbf{x}_0) := \mathcal{N}(\mathbf{x}_1; \sqrt{\alpha_1}\mathbf{x}_0, \beta_1\mathbf{I})$이고, $\alpha_1 = \bar{\alpha}_1, \beta_1 = 1 - \alpha_1 = \bar{\beta}_1$가 성립한다.

다음으로 $t = t$일 때 식 (2.1)이 성립한다고 가정하고 $t = t + 1$(이 경우 좌변이 변수, 우변을 값으로 생각하자)일 때에도 식 (2.1)이 성립한다는 것을 보인다.

평균 $\boldsymbol{\mu}$, 분산 $\sigma^2\mathbf{I}$를 가지는 정규분포로부터의 표본은 $\epsilon \sim \mathcal{N}(\mathbf{0}, \mathbf{I})$를 사용해서 $\mu + \sigma\epsilon$으로 변환할 수 있음에 주의한다.

가정으로부터 $q(\mathbf{x}_t|\mathbf{x}_0) = \mathcal{N}(\mathbf{x}_t; \sqrt{\bar{\alpha}_t}\mathbf{x}_0, \bar{\beta}_t\mathbf{I})$가 성립하기 때문에 표본 $\mathbf{x}_t$는

$$\mathbf{x}_t = \sqrt{\bar{\alpha}_t}\mathbf{x}_0 + \sqrt{\bar{\beta}_t}\,\epsilon, \quad \epsilon \sim \mathcal{N}(\mathbf{0}, \mathbf{I}) \tag{2.2}$$

가 된다.

마찬가지로 q의 정의로부터 $q(\mathbf{x}_{t+1}|\mathbf{x}_t) := \mathcal{N}(\mathbf{x}_{t+1}; \sqrt{\alpha_{t+1}}\mathbf{x}_t, \beta_{t+1}\mathbf{I})$가 성립하므로 표본 $\mathbf{x}_{t+1}$은

$$\mathbf{x}_{t+1} = \sqrt{\alpha_{t+1}}\mathbf{x}_t + \sqrt{\beta_{t+1}}\epsilon_{t+1}, \quad \epsilon_{t+1} \sim \mathcal{N}(\mathbf{0}, \mathbf{I})$$

가 된다.

$\mathbf{x}_t$에 앞의 식 (2.2)를 대입하면 다음과 같다.

$$\begin{aligned}
\mathbf{x}_{t+1} &= \sqrt{\alpha_{t+1}}(\sqrt{\bar{\alpha}}\,\mathbf{x}_0 + \sqrt{\bar{\beta}_t}\,\epsilon) + \sqrt{\beta_{t+1}}\epsilon_{t+1} \\
&= \sqrt{\alpha_{t+1}}\sqrt{\bar{\alpha}}\,\mathbf{x}_0 + \sqrt{\alpha_{t+1}}\sqrt{\bar{\beta}_t}\,\epsilon + \sqrt{\beta_{t+1}}\epsilon_{t+1} \\
&= \sqrt{\bar{\alpha}_{t+1}}\mathbf{x}_0 + \sqrt{\alpha_{t+1}}\sqrt{\bar{\beta}_t}\,\epsilon + \sqrt{\beta_{t+1}}\epsilon_{t+1}
\end{aligned}$$

여기에서 두 개의 정규분포의 확률변수 $X \sim \mathcal{N}(\mathbf{0}, \mathbf{I})$와 $Y \sim \mathcal{N}(\mathbf{0}, \mathbf{I})$의 합 $aX + bY$

는 정규분포 $\mathcal{N}(\mathbf{0},\ a^2\ +\ b^2)$을 따르는 것을 이용한다. 두 번째 항과 세 번째 항의 $\sqrt{\alpha_{t+1}}\sqrt{\bar{\beta}_t}\epsilon + \sqrt{\beta_{t+1}}\epsilon_{t+1}$은 두 개의 정규분포로부터의 표본 ϵ, ϵ_{t+1}의 계수가 각각 $a = \sqrt{\alpha_{t+1}}\sqrt{\bar{\beta}_t}$, $b = \sqrt{\beta_{t+1}}$인 경우에 대응하므로 이것들의 합의 정규분포 분산은

$$\begin{aligned} a^2 + b^2 &= \alpha_{t+1}\bar{\beta}_t + \beta_{t+1} \\ &= \alpha_{t+1}(1-\bar{\alpha}_t) + (1-\alpha_{t+1}) \\ &= 1-\bar{\alpha}_{t+1} \\ &= \bar{\beta}_{t+1} \end{aligned}$$

이 된다. 이에 따라 두 번째 항과 세 번째 항의 합은 정규분포 $\mathcal{N}(\mathbf{0}, \bar{\beta}_{t+1}\mathbf{I})$를 따른다.

따라서

$$\mathbf{x}_{t+1} = \sqrt{\bar{\alpha}_{t+1}}\mathbf{x}_0 + \sqrt{\bar{\beta}_{t+1}}\epsilon', \quad \epsilon' \sim \mathcal{N}(\mathbf{0}, \mathbf{I})$$

을 얻을 수 있다. 이것은 $\mathbf{x}_{t+1}$가 평균 $\sqrt{\bar{\alpha}_{t+1}}\mathbf{x}_0$, 분산 $\bar{\beta}_{t+1}$인 정규분포로부터의 표본으로 볼 수 있다. (증명 끝)

DDPM은 생성 과정의 일부분을 추출하여 학습할 수 있다

이렇게 임의의 시간에서의 확산 조건부확률을 해석적으로 구할 수 있다는 것은 큰 모델을 효율적으로 학습할 수 있다는 것을 의미한다. DDPM은 대단히 깊은 확률층(스텝 수)을 가진 잠재변수 모델로 볼 수 있다. 이런 잠재변수 모델의 학습은 변분오토인코더와 동일하게 변수변환 트릭을 사용해서 모든 인식과정(확산 과정)과 생성 과정(역확산 과정)을 연결한 계산그래프에 오차 역전파법을 적용하면 매개변수에 대한 기울기를 구할 수 있다. 그러나 확산 모델은 확산이나 역확산에 수십에서 수천 스텝이 필요하므로 학습할 때 계산 그래프 전체를 평가하는 것은 계산 비용이 너무 크다. 또한 오차 역전파법을 적용할 때 필요한 중간 계산 결과를 보관하는 것은 메모리 사용 측면에서 어렵다.

그래서 DDPM이나 그 일반화인 확산 모델은 확산 과정(추론 과정)에서 임의의 시간에서의 잠재변수를 해석적으로 구할 수 있다는 특징을 사용해서 중간 단계의 층을 임의로 추출하고 이것들을 독립으로 나눠서 학습한다. 즉, 확산 모델은 기존에는 학습할 수 없었던 매우 큰 계산 그래프로 이루어진 생성 과정을 일부분만 추출해서 학습할 수 있다.

2.3.2 DDPM의 학습

다음으로 DDPM의 매개변수를 최대우도추정으로 계산한다. 생성 과정에서 $\mathbf{x}_0$가 관측변수이고 $\mathbf{x}_{1:T}$ 는 관측할 수 없는 잠재변수다. 여기서 $\mathbf{x}_{i:j} := \mathbf{x}_i, \mathbf{x}_{i+1}, ..., \mathbf{x}_j$로 나타내기로 한다. 관측변수 $\mathbf{x}_0$의 우도 $p_\theta(\mathbf{x}_0)$는 역확산 과정(생성 과정)에서의 동시 확률의 잠재변수를 주변화하면 얻을 수 있다.

$$p_\theta(\mathbf{x}_0) = \int p_\theta(\mathbf{x}_{0:T})\mathrm{d}\mathbf{x}_{1:T}$$

이렇게 우도를 구하기 위해서는 잠재변수를 적분해야 하지만, 현실적인 계산량으로는 계산하기 어렵다.

잠재변수를 포함한 최대우도추정은 로그 우도의 ELBO 최대화이다(ELBO는 부록 A.2 참조). 여기서는 최소화 문제로 다루기 위해 음의 ELBO 최소화 문제로 다루기로 한다.

$$\begin{aligned}
&-\log p_\theta(\mathbf{x}_0) \\
&\leq \mathbb{E}_{q(\mathbf{x}_{1:T}|\mathbf{x}_0)}\left[-\log \frac{p_\theta(\mathbf{x}_{0:T})}{q(\mathbf{x}_{1:T}|\mathbf{x}_0)}\right] \\
&= \mathbb{E}_{q(\mathbf{x}_{1:T}|\mathbf{x}_0)}\left[-\log \frac{p_\theta(\mathbf{x}_0|\mathbf{x}_1)p_\theta(\mathbf{x}_1|\mathbf{x}_2)\cdots p_\theta(\mathbf{x}_{T-1}|\mathbf{x}_T)p_\theta(\mathbf{x}_T)}{q(\mathbf{x}_T|\mathbf{x}_{T-1})q(\mathbf{x}_{T-1}|\mathbf{x}_{T-2})\cdots q(\mathbf{x}_1|\mathbf{x}_0)}\right] \\
&\qquad\qquad (p_\theta\text{와 } q\text{의 마르코프 성질로 동시 확률을 분해}) \\
&= \mathbb{E}_{q(\mathbf{x}_{1:T}|\mathbf{x}_0)}\left[-\log p(\mathbf{x}_T) - \sum_{t\geq 1}\log \frac{p_\theta(\mathbf{x}_{t-1}|\mathbf{x}_t)}{q(\mathbf{x}_t|\mathbf{x}_{t-1})}\right] := L(\theta)
\end{aligned}$$

$L(\theta)$는 로그 우도의 하한(여기서는 음의 로그 우도의 상한)으로 ELBO evidence lower bound라고 한다. 이 ELBO는 $p(\mathbf{x}_{1:T}|\mathbf{x}_0)$와 $q(\mathbf{x}_{1:T}|\mathbf{x}_0)$가 같을 때 로그 우도와 같다. 최적화 과정에서는 이 두 개가 일치하도록 한 후에 ELBO를 최대화(음의 로그 우도 상한의 경우는 최소화)하는 방향으로 최적화를 진행한다.

이제부터 q의 기댓값을 가지는 확률분포 $q(\mathbf{x}_{1:T}|\mathbf{x}_0)$는 q로 간단히 표시한다.

$L(\theta)$를 더 전개하면 다음과 같다.

$$\begin{aligned} L(\theta) &= \mathbb{E}_q\left[-\log p(\mathbf{x}_T) - \sum_{t\geq 1}\log\frac{p_\theta(\mathbf{x}_{t-1}|\mathbf{x}_t)}{q(\mathbf{x}_t|\mathbf{x}_{t-1})}\right] \\ &= \mathbb{E}_q\left[-\log p(\mathbf{x}_T) - \sum_{t>1}\log\frac{p_\theta(\mathbf{x}_{t-1}|\mathbf{x}_t)}{q(\mathbf{x}_t|\mathbf{x}_{t-1})} - \log\frac{p_\theta(\mathbf{x}_0|\mathbf{x}_1)}{q(\mathbf{x}_1|\mathbf{x}_0)}\right] \end{aligned}$$

이 식을 그대로 변형하면 기댓값 속의 두 번째 항이 $q(\mathbf{x}_{t-1}, \mathbf{x}_{t+1}|\mathbf{x}_t)$에 대한 기댓값을 필요로 하기 때문에 두 개의 확률변수에 대한 몬테카를로 샘플링이 필요하며 분산은 커져버린다.

여기서, 확산 과정 $q(\mathbf{x}_t)$는 마르코프 과정으로 각 상태는 직전 상태에 따라 결정되므로 $q(\mathbf{x}_t|\mathbf{x}_{t-1}) = q(\mathbf{x}_t|\mathbf{x}_{t-1}, \mathbf{x}_0)$이 성립한다. 즉 조건에 $\mathbf{x}_{t-1}$보다 이전 시간의 $\mathbf{x}_0$이 포함되어 있더라도 확률분포는 변하지 않는다. 이것을 이용해서 기댓값 속의 두 번째 항을 $q(\mathbf{x}_t|\mathbf{x}_{t-1}, \mathbf{x}_0)$으로 변환한다.

$$\begin{aligned} &L(\theta) \\ &\quad= \mathbb{E}_q\left[-\log p(\mathbf{x}_T) - \sum_{t>1}\log\frac{p_\theta(\mathbf{x}_{t-1}|\mathbf{x}_t)}{q(\mathbf{x}_t|\mathbf{x}_{t-1}, \mathbf{x}_0)} - \log\frac{p_\theta(\mathbf{x}_0|\mathbf{x}_1)}{q(\mathbf{x}_1|\mathbf{x}_0)}\right] \end{aligned}$$

계속해서 변환하면 다음과 같다.

$$= \mathbb{E}_q \left[-\log p(\mathbf{x}_T) - \sum_{t>1} \log \frac{p_\theta(\mathbf{x}_{t-1}|\mathbf{x}_t)}{q(\mathbf{x}_{t-1}|\mathbf{x}_t, \mathbf{x}_0)} \cdot \frac{q(\mathbf{x}_{t-1}|\mathbf{x}_0)}{q(\mathbf{x}_t|\mathbf{x}_0)} - \log \frac{p_\theta(\mathbf{x}_0|\mathbf{x}_1)}{q(\mathbf{x}_1|\mathbf{x}_0)} \right]$$

여기서 베이즈 정리로 $q(\mathbf{x}_t|\mathbf{x}_{t-1},\ \mathbf{x}_0) = q(\mathbf{x}_{t-1}|\mathbf{x}_t,\ \mathbf{x}_0)q(\mathbf{x}_t|\mathbf{x}_0)/q(\mathbf{x}_{t-1}|\mathbf{x}_0)$를 적용한다.

$$= \mathbb{E}_q \left[-\log \frac{p(\mathbf{x}_T)}{q(\mathbf{x}_T|\mathbf{x}_0)} - \sum_{t>1} \log \frac{p_\theta(\mathbf{x}_{t-1}|\mathbf{x}_t)}{q(\mathbf{x}_{t-1}|\mathbf{x}_t, \mathbf{x}_0)} - \log p_\theta(\mathbf{x}_0|\mathbf{x}_1) \right]$$

여기서 $q(\mathbf{x}_t|\mathbf{x}_0)$는 망원급수telescoping series로 마지막 $q(\mathbf{x}_T|\mathbf{x}_0)$와 첫 번째 $q(\mathbf{x}_1|\mathbf{x}_0)$ 외에는 서로 소거된다. 또 $q(\mathbf{x}_1|\mathbf{x}_0)$는 세 번째 항의 분모와 서로 소거된다.

$$\begin{aligned} &= \mathbb{E}_q \Bigg[\underbrace{D_{\mathrm{KL}}(q(\mathbf{x}_T|\mathbf{x}_0) \| p(\mathbf{x}_T))}_{L_T} \\ &\quad + \sum_{t>1} \underbrace{D_{\mathrm{KL}}(q(\mathbf{x}_{t-1}|\mathbf{x}_t, \mathbf{x}_0) \| p_\theta(\mathbf{x}_{t-1}|\mathbf{x}_t))}_{L_{t-1}} \underbrace{- \log p_\theta(\mathbf{x}_0|\mathbf{x}_1)}_{L_0} \Bigg] \end{aligned} \tag{2.3}$$

L_T는 $p(\mathbf{x}_T)$가 매개변수가 없는 고정 정규분포이므로 무시할 수 있다.

L_0에 대해서는 마지막 역확산 과정을 차원마다 독립인 정규분포로 보고 각 값을 -1에서 1의 $k+1$개(예를 들면 255)로 이산화한 값의 로그 우도를 계산해서 평가한다.

$$\begin{aligned} p_\theta(\mathbf{x}_0|\mathbf{x}_1) &= \prod_{i=1}^{d} \int_{\sigma_-(x_0^i)}^{\sigma_+(x_0^i)} \mathcal{N}(x; \mu_\theta^i(\mathbf{x}_1, 1), \sigma_1^2) \mathrm{d}x \\ \sigma_+(x) &= x + \frac{1}{k} \\ \sigma_-(x) &= x - \frac{1}{k} \end{aligned}$$

L_{t-1}은 아래에서 계산한다.

먼저 $q(\mathbf{x}_{t-1}|\mathbf{x}_t, \mathbf{x}_0)$는 다음과 같이 해석적으로 계산할 수 있다.

$$
\begin{aligned}
q(\mathbf{x}_{t-1}|\mathbf{x}_t, \mathbf{x}_0) &= \mathcal{N}(\mathbf{x}_{t-1}; \tilde{\mu}_t(\mathbf{x}_t, \mathbf{x}_0), \tilde{\beta}_t \mathbf{I}) \\
\tilde{\mu}_t(\mathbf{x}_t, \mathbf{x}_0) &:= \frac{\sqrt{\bar{\alpha}_{t-1}}\beta_t}{\bar{\beta}_t}\mathbf{x}_0 + \frac{\sqrt{\alpha_t}\bar{\beta}_{t-1}}{\bar{\beta}_t}\mathbf{x}_t \\
\tilde{\beta}_t &:= \frac{\bar{\beta}_{t-1}}{\bar{\beta}_t}\beta_t
\end{aligned}
\tag{2.4}
$$

증명에 들어가기 전에 사후확률 $q(\mathbf{x}_{t-1}|\mathbf{x}_t, \mathbf{x}_0)$의 직관적인 의미에 대해서 알아보자. 이 식은 $\mathbf{x}_t$를 디노이징한 결과가 $\mathbf{x}_0$라고 알고 있는 경우에(정확하게는 확산 과정에서 $\mathbf{x}_0$에 잡음을 추가해서 $\mathbf{x}_1$, $\mathbf{x}_2$, ..., $\mathbf{x}_t$가 얻어진다) $\mathbf{x}_t$의 하나 전 시간의 표본의 평균 $\tilde{\mu}_t(\mathbf{x}_t, \mathbf{x}_0)$은 $\mathbf{x}_0$와 $\mathbf{x}_t$의 내분점과 같은 위치(실제로는 내분점이 아니라 그보다는 원점에 조금 더 가깝다)로 나타난다는 것을 의미한다. 또 그 분산은 t가 작으면 작은 값을, 크면 큰 값을 가진다.

식 (2.4) $q(\mathbf{x}_{t-1}|\mathbf{x}_t, \mathbf{x}_0)$의 증명

증명

$$
\begin{aligned}
q(\mathbf{x}_{t-1}|\mathbf{x}_t, \mathbf{x}_0) &\propto q(\mathbf{x}_{t-1}, \mathbf{x}_t|\mathbf{x}_0) \quad \text{(베이즈 정리로부터)} \\
&= q(\mathbf{x}_t|\mathbf{x}_{t-1}, \mathbf{x}_0)q(\mathbf{x}_{t-1}|\mathbf{x}_0) \\
&= q(\mathbf{x}_t|\mathbf{x}_{t-1})q(\mathbf{x}_{t-1}|\mathbf{x}_0) \\
&\quad (q\text{는 마르코프 과정이기 때문에 } q(\mathbf{x}_t|\mathbf{x}_{t-1}, \mathbf{x}_0) = q(\mathbf{x}_t|\mathbf{x}_{t-1}))
\end{aligned}
$$

이 식은 $q(\mathbf{x}_{t-1}|\mathbf{x}_0)$를 사전확률, $q(\mathbf{x}_t|\mathbf{x}_{t-1})$를 우도라고 했을 때 $\mathbf{x}_t$ 를 관측했을 때의 $\mathbf{x}_{t-1}$의 사후확률분포 $q(\mathbf{x}_{t-1}|\mathbf{x}_t, \mathbf{x}_0)$를 구하는 식으로 볼 수 있다.

일반적으로 사전분포가 $p(x) = \mathcal{N}(\mu_{\mathrm{A}}, \sigma_{\mathrm{A}}^2)$, 우도가 조건에 대해 선형정규분포 $p(y|x) = \mathcal{N}(ax, {\sigma_B}^2)$로 나타나는 경우 그 사후확률 $p(x|y)$는

$$p(x|y) = \mathcal{N}(\tilde{\mu}, \tilde{\sigma}^2)$$
$$\frac{1}{\tilde{\sigma}^2} = \frac{1}{\sigma_{\mathrm{A}}^2} + \frac{a^2}{\sigma_{\mathrm{B}}^2}$$
$$\tilde{\mu} = \tilde{\sigma}^2 \left(\frac{\mu_{\mathrm{A}}}{\sigma_{\mathrm{A}}^2} + \frac{ay}{\sigma_{\mathrm{B}}^2} \right)$$

가 된다(부록 A.1 참조).

이 식에 DDPM의 사전확률 $q(\mathbf{x}_{t-1}|\mathbf{x}_0) = \mathcal{N}(\sqrt{\bar{\alpha}_{t-1}}\mathbf{x}_0, \bar{\beta}_{t-1}\mathbf{I})$, 우도 $q(\mathbf{x}_t|\mathbf{x}_{t-1}) = \mathcal{N}(\sqrt{\alpha_t}\mathbf{x}_{t-1}, \beta_t\mathbf{I})$을 대입하면

$$\mu_{\mathrm{A}} = \sqrt{\bar{\alpha}_{t-1}}\mathbf{x}_0, \quad \sigma_{\mathrm{A}}^2 = \bar{\beta}_{t-1}, \quad a = \sqrt{\alpha_t}, \quad ay = \sqrt{\alpha_t}\mathbf{x}_t, \quad \sigma_{\mathrm{B}}^2 = \beta_t$$

가 되어 분산은 다음과 같이 계산할 수 있다.

$$\begin{aligned}
\frac{1}{\tilde{\sigma}^2} &= \frac{1}{\sigma_{\mathrm{A}}^2} + \frac{a^2}{\sigma_{\mathrm{B}}^2} \\
&= \frac{1}{\bar{\beta}_{t-1}} + \frac{\alpha_t}{\beta_t} \\
&= \frac{\beta_t + \alpha_t \bar{\beta}_{t-1}}{\bar{\beta}_{t-1}\beta_t} \\
&= \frac{1 - \alpha_t + \alpha_t(1 - \bar{\alpha}_{t-1})}{\bar{\beta}_{t-1}\beta_t} \\
&= \frac{\bar{\beta}_t}{\bar{\beta}_{t-1}\beta_t}
\end{aligned}$$

또 평균은 다음과 같이 계산할 수 있다.

$$\begin{aligned}\tilde{\mu} &= \tilde{\sigma}^2\left(\frac{\mu_{\mathrm{A}}}{\sigma_{\mathrm{A}}^2}+\frac{ay}{\sigma_{\mathrm{B}}^2}\right)\\ &= \frac{\bar{\beta}_{t-1}\beta_t}{\bar{\beta}_t}\left(\frac{\sqrt{\bar{\alpha}_{t-1}}\mathbf{x}_0}{\bar{\beta}_{t-1}}+\frac{\sqrt{\alpha_t}\mathbf{x}_t}{\beta_t}\right)\\ &= \frac{\sqrt{\bar{\alpha}_{t-1}}\beta_t}{\bar{\beta}_t}\mathbf{x}_0+\frac{\sqrt{\alpha_t}\bar{\beta}_{t-1}}{\bar{\beta}_t}\mathbf{x}_t\end{aligned}$$

따라서 $q(\mathbf{x}_{t-1}|\mathbf{x}_t,\ \mathbf{x}_0)$는 평균이 $\tilde{\mu}_t(\mathbf{x}_t,\mathbf{x}_0) := \frac{\sqrt{\bar{\alpha}_{t-1}}\beta_t}{\bar{\beta}_t}\mathbf{x}_0+\frac{\sqrt{\alpha_t}\bar{\beta}_{t-1}}{\bar{\beta}_t}\mathbf{x}_t$이고 분산이 $\tilde{\beta}_t := \frac{\bar{\beta}_{t-1}\beta_t}{\bar{\beta}_t}$인 정규분포 $\mathcal{N}(\mathbf{x}_{t-1};\tilde{\mu}_t(\mathbf{x}_t,\mathbf{x}_0),\tilde{\beta}_t\mathbf{I})$로 나타낼 수 있다. (증명 끝)

지금까지 $q(\mathbf{x}_{t-1}|\mathbf{x}_t,\ \mathbf{x}_0)$를 계산했지만, $\mathbf{x}_0$가 조건에서 빠진 $q(\mathbf{x}_{t-1}|\mathbf{x}_t)$는 왜 계산할 수 없는지 알아두자. 위 증명과 마찬가지로 식을 변형하면 $q(\mathbf{x}_t|\mathbf{x}_{t-1})q(\mathbf{x}_{t-1}|\mathbf{x}_0)$ 대신에 $q(\mathbf{x}_t|\mathbf{x}_{t-1})q(\mathbf{x}_{t-1})$가 얻어지지만, 이 주변우도 $q(\mathbf{x}_{t-1})=\int q(\mathbf{x}_{t-1}|\mathbf{x}_0)q(\mathbf{x}_0)\mathrm{d}\mathbf{x}_0$는 데이터 분포 전체를 교란한 후의 결과이기 때문에 해석적으로 구할 수 없다. 디노이징한 최종 목표 $\mathbf{x}_0$가 조건으로 주어지는 경우에만 확산 과정의 사후확률분포를 해석적으로 구할 수 있다.

2.3.3 DDPM에서 디노이징 점수 매칭으로

역확산 과정(생성 과정)에 사용하는 모델은 다음과 같은 형태를 가진다.

$$p_\theta(\mathbf{x}_{t-1}|\mathbf{x}_t) := \mathcal{N}(\mathbf{x}_{t-1};\mu_\theta(\mathbf{x}_t,t),\boldsymbol{\Sigma}_\theta(\mathbf{x}_t,t))$$

이 공분산 행렬은 매개변수 θ에 의존하지 않는 고정된 $\Sigma_\theta(\mathbf{x}_t,\ t)=\sigma_t^2\mathbf{I}$를 사용하는 경우가 많으며 $\sigma_t^2=\beta_t$ 또는 $\sigma_t^2=\tilde{\beta}_t=\frac{1-\bar{\alpha}_{t-1}}{\bar{\beta}_t}\beta_t$ 중 아무거나 사용해도 같은 결과를 얻을 수 있다. 전자는 $\mathbf{x}_0\sim\mathcal{N}(\mathbf{0},\ \mathbf{I})$인 경우의 최적값이며, 후자는 $\mathbf{x}_0$가 한 점으로 결정론적으로 설정되는 경우의 최적값이다. 아래에서는 역확산 과정에서 고정 분산을 사용한 $p_\theta(\mathbf{x}_{t-1}|\mathbf{x}_t) := \mathcal{N}(\mathbf{x}_{t-1};\ \mu_\theta(\mathbf{x}_t,\ t),\ \sigma_t^2\mathbf{I})$으로 생각한다.

목적함수의 L_{t-1} 부분인 확산 과정과 역확산 과정 간의 KL 다이버전스를 계산해보자. 정규분포 간의 KL 다이버전스는

$$
\begin{aligned}
&D_{\mathrm{KL}}(\mathcal{N}(\mu_a, \Sigma_a) \| \mathcal{N}(\mu_b, \Sigma_b)) \\
&= \frac{1}{2}\left[\log \frac{|\Sigma_b|}{|\Sigma_a|} - d + \mathrm{tr}(\Sigma_b^{-1}\Sigma_a) + (\mu_b - \mu_a)^{\mathsf{T}}\Sigma_b^{-1}(\mu_b - \mu_a)\right]
\end{aligned}
$$

이므로

$$
\begin{aligned}
&D_{\mathrm{KL}}(q(\mathbf{x}_{t-1}|\mathbf{x}_t, \mathbf{x}_0) \| p_\theta(\mathbf{x}_{t-1}|\mathbf{x}_t)) \\
&= D_{\mathrm{KL}}(\mathcal{N}(\mathbf{x}_{t-1}; \tilde{\mu}_t(\mathbf{x}_t, \mathbf{x}_0), \tilde{\beta}_t\mathbf{I}) \| \mathcal{N}(\mathbf{x}_{t-1}; \mu_\theta(\mathbf{x}_t, t), \sigma_t^2\mathbf{I})) \\
&= \frac{1}{2}\left[\log \frac{|\sigma_t^2\mathbf{I}|}{|\tilde{\beta}_t\mathbf{I}|} - d + \mathrm{tr}((\sigma_t^2\mathbf{I})^{-1}\tilde{\beta}_t\mathbf{I}) + (\mu_\theta - \tilde{\mu}_t)^{\mathsf{T}}(\sigma_t^2\mathbf{I})^{-1}(\mu_\theta - \tilde{\mu}_t)\right] \\
&\qquad\qquad\qquad\qquad (\mu_\theta, \tilde{\mu}_t\text{의 인수는 가독성을 위해 생략}) \\
&= \frac{1}{2\sigma_t^2}\|\mu_\theta - \tilde{\mu}_t\|^2 + C
\end{aligned}
$$

여기서 C는 θ에 의존하지 않는 상수이다.

정리하면 목적함수의 두 번째 항 (L_{t-1})은 다음과 같다.

$$
\begin{aligned}
L_{t-1} &= \mathbb{E}_q\left[D_{\mathrm{KL}}(q(\mathbf{x}_{t-1}|\mathbf{x}_t, \mathbf{x}_0) \| p_\theta(\mathbf{x}_{t-1}|\mathbf{x}_t))\right] \\
&= \mathbb{E}_q\left[\frac{1}{2\sigma_t^2}\|\tilde{\mu}_t(\mathbf{x}_t, \mathbf{x}_0) - \mu_\theta(\mathbf{x}_t, t)\|^2\right] + C \\
&\qquad (\text{이하 가독성을 위해 } \tilde{\mu}_t\text{와 } \mu_\theta\text{의 순서를 바꿈})
\end{aligned}
$$

이 목적함수는 확산 과정의 사후확률분포의 평균 $\tilde{\mu}_t(\mathbf{x}_t, \mathbf{x}_0)$을 역확산 과정의 평균 $\mu_\theta(\mathbf{x}_t,\ t)$로 추정하는 형태이다. 여기서, 이 두 개의 평균의 함수 형태가 같은 형태라면 다루기 쉬워진다.

먼저 확산 과정의 평균 $\tilde{\mu}_t(\mathbf{x}_t, \mathbf{x}_0)$이 어떤 형태인지 살펴보자. $\tilde{\mu}_t(\mathbf{x}_t, \mathbf{x}_0)$ 안의 $\mathbf{x}_t$는

$$q(\mathbf{x}_t|\mathbf{x}_0) = \mathcal{N}(\mathbf{x}_t; \sqrt{\bar{\alpha}_t}\mathbf{x}_0, \bar{\beta}_t\mathbf{I})$$

를 기댓값으로 가지기 때문에, $\mathbf{x}_t$는 $\mathbf{x}_0$와 잡음 ϵ을 사용해서

$$\mathbf{x}_t(\mathbf{x}_0, \epsilon) = \sqrt{\bar{\alpha}_t}\mathbf{x}_0 + \sqrt{\bar{\beta}_t}\,\epsilon, \quad \epsilon \sim \mathcal{N}(\mathbf{0}, \mathbf{I}) \tag{2.5}$$

로 나타낼 수 있다.

이 식을 변형해서 잡음이 추가된 표본 $\mathbf{x}_t(\mathbf{x}_0, \epsilon)$로부터 이것을 디노이징한 결과 $\mathbf{x}_0$는 다음과 같이 계산할 수 있다.

$$\mathbf{x}_0 = \frac{1}{\sqrt{\bar{\alpha}_t}}(\mathbf{x}_t(\mathbf{x}_0, \epsilon) - \sqrt{\bar{\beta}_t}\,\epsilon) \tag{2.6}$$

이를 바탕으로 확산 과정의 평균 $\tilde{\mu}_t(\mathbf{x}_t, \mathbf{x}_0)$을 전개하면

$$\begin{aligned}
&\tilde{\mu}_t(\mathbf{x}_t, \mathbf{x}_0) \\
&= \tilde{\mu}_t(\mathbf{x}_t(\mathbf{x}_0, \epsilon), \frac{1}{\sqrt{\bar{\alpha}_t}}(\mathbf{x}_t(\mathbf{x}_0, \epsilon) - \sqrt{\bar{\beta}_t}\epsilon)) \quad (\text{식 (2.6)에서}) \\
&= \frac{\sqrt{\bar{\alpha}_{t-1}}\beta_t}{\bar{\beta}_t}\frac{1}{\sqrt{\bar{\alpha}_t}}(\mathbf{x}_t(\mathbf{x}_0, \epsilon) - \sqrt{\bar{\beta}_t}\epsilon) + \frac{\sqrt{\alpha_t}\bar{\beta}_{t-1}}{\bar{\beta}_t}\mathbf{x}_t(\mathbf{x}_0, \epsilon) \quad (\text{식 (2.4)에서})
\end{aligned}$$

여기서 $\frac{\sqrt{\bar{\alpha}_{t-1}}}{\sqrt{\bar{\alpha}_t}} = \frac{1}{\sqrt{\alpha_t}}$을 사용해서 정리하면

$$\begin{aligned}
&= \left(\frac{\beta_t}{\bar{\beta}_t}\frac{1}{\sqrt{\alpha_t}} + \frac{\sqrt{\alpha_t}\bar{\beta}_{t-1}}{\bar{\beta}_t}\right)\mathbf{x}_t(\mathbf{x}_0, \epsilon) - \left(\frac{\beta_t}{\bar{\beta}_t}\frac{1}{\sqrt{\alpha_t}}\sqrt{\bar{\beta}_t}\right)\epsilon \\
&= \left(\frac{\beta_t + \alpha_t\bar{\beta}_{t-1}}{\bar{\beta}_t\sqrt{\alpha_t}}\right)\mathbf{x}_t(\mathbf{x}_0, \epsilon) - \left(\frac{\beta_t}{\sqrt{\bar{\beta}_t}\sqrt{\alpha_t}}\right)\epsilon
\end{aligned}$$

$\beta_t + \alpha_t\bar{\beta}_{t-1} = (1-\alpha_t) + \alpha_t(1-\bar{\alpha}_{t-1}) = 1-\bar{\alpha}_t = \bar{\beta}_t$로부터

$$= \frac{1}{\sqrt{\alpha_t}}\left(\mathbf{x}_t(\mathbf{x}_0, \epsilon) - \frac{\beta_t}{\sqrt{\bar{\beta}_t}}\epsilon\right)$$

가 된다.

다음으로 역확산 과정의 평균인 $\mu_\theta(\mathbf{x}_t, t)$을 어떻게 설계할 것인가에 대해 알아보자. 확산 과정의 평균 $\tilde{\mu}_t(\mathbf{x}_t, \mathbf{x}_0)$은 $\mathbf{x}_t$를 디노이징하는 형태로 나타냈으므로 역확산 과정의 평균 $\mu_\theta(\mathbf{x}_t, t)$도 $\mathbf{x}_t$를 디노이징해서 $\mathbf{x}_0$를 추정하고 그것을 사용해서 확산 과정의 사후 확률분포의 식으로 평균을 계산한다.

역확산 과정에서 추가된 잡음이나 디노이징된 결과는 모르기 때문에(확산 과정에서는 주어졌다) 현재 표본 $\mathbf{x}_t$와 시간 t에서 추가되었을 잡음을 추정하는 모델 $\epsilon_\theta(\mathbf{x}_t, t)$를 준비한다.

이 잡음을 사용해서 디노이징하여 얻은 $\tilde{\mathbf{x}}_0$는 식 (2.6)으로부터 다음과 같이 주어진다.

$$\tilde{\mathbf{x}}_0 = \frac{1}{\sqrt{\bar{\alpha}_t}}(\mathbf{x}_t - \sqrt{\bar{\beta}_t}\,\epsilon_\theta(\mathbf{x}_t, t))$$

입력 $\mathbf{x}_t$와 추정된 $\tilde{\mathbf{x}}_0$를 사용해서 식 (2.4)로 평균을 계산하면 확산 과정의 경우와 같은 식 변형을 거쳐 다음 식이 구해진다.

$$\begin{aligned} \mu_\theta(\mathbf{x}_t, t) &:= \tilde{\mu}_t(\mathbf{x}_t, \tilde{\mathbf{x}}_0) \\ &= \tilde{\mu}_t(\mathbf{x}_t, \frac{1}{\sqrt{\bar{\alpha}_t}}(\mathbf{x}_t - \sqrt{\bar{\beta}_t}\,\epsilon_\theta(\mathbf{x}_t, t))) \\ &= \frac{1}{\sqrt{\alpha_t}}\left(\mathbf{x}_t - \frac{\beta_t}{\sqrt{\bar{\beta}_t}}\epsilon_\theta(\mathbf{x}_t, t)\right) \end{aligned} \tag{2.7}$$

즉 잡음이 더해진 데이터 $\mathbf{x}_t$가 주어졌을 때 그때 추가된 잡음 ϵ을 예측하는 모델이 된다.

지금까지의 내용을 정리해서 얻을 수 있는 최종 목적함수는

$$\begin{aligned}
&\mathbb{E}_{\mathbf{x}_0}[L_{t-1}] - C \\
&= \mathbb{E}_{\mathbf{x}_0,\epsilon}\left[\frac{1}{2\sigma_t^2}\|\tilde{\mu}_t(\mathbf{x}_t,\mathbf{x}_0) - \mu_\theta(\mathbf{x}_t,t)\|^2\right] \\
&= \mathbb{E}_{\mathbf{x}_0,\epsilon}\left[\frac{1}{2\sigma_t^2}\left\|\frac{1}{\sqrt{\alpha_t}}\left(\mathbf{x}_t - \frac{\beta_t}{\sqrt{\bar{\beta}_t}}\epsilon\right) - \frac{1}{\sqrt{\alpha_t}}\left(\mathbf{x}_t - \frac{\beta_t}{\sqrt{\bar{\beta}_t}}\epsilon_\theta(\mathbf{x}_t,t)\right)\right\|^2\right] \\
&= \mathbb{E}_{\mathbf{x}_0,\epsilon}\left[\frac{\beta_t^2}{2\sigma_t^2\alpha_t\bar{\beta}_t}\|\epsilon - \epsilon_\theta(\mathbf{x}_t,t)\|^2\right] \\
&= \mathbb{E}_{\mathbf{x}_0,\epsilon}\left[\frac{\beta_t^2}{2\sigma_t^2\alpha_t\bar{\beta}_t}\|\epsilon - \epsilon_\theta(\sqrt{\bar{\alpha}_t}\mathbf{x}_0 + \sqrt{\bar{\beta}_t}\,\epsilon, t)\|^2\right]
\end{aligned}$$

가 된다. 여기서 $\mathbf{x}_t = \sqrt{\bar{\alpha}_t}\mathbf{x}_0 + \sqrt{\bar{\beta}_t}\epsilon$이며 마지막 행은 목적함수가 $\mathbf{x}_0$와 ϵ로만 나타난다는 것을 보이기 위해 다시 썼다.

이렇게 DDPM의 학습은 데이터 $\mathbf{x}_0$에 잡음을 추가해서 $\mathbf{x}_t$를 얻은 후, 잡음이 추가된 데이터로부터 잡음을 추정하는 문제를 푸는 것이다.

이 목적함수는 SBM의 목적함수와 같은 형태를 하고 있으며 각 시간 t에서의 가중치 w_t만 다르다. 즉 DDPM의 ELBO로부터 도출된 목적함수는 다른 잡음 레벨에서 디노이징 점수 매칭으로 생성된 SBM의 목적함수와 일치하며 이 둘은 같은 틀에서 다룰 수 있다.

$$\begin{aligned}
L_\gamma(\theta) &= \sum_{t=1}^{T} w_t \mathbb{E}_{\mathbf{x}_0,\epsilon}\left[\|\epsilon - \epsilon_\theta(\sqrt{\bar{\alpha}_t}\mathbf{x}_0 + \sqrt{\bar{\beta}_t}\,\epsilon, t)\|^2\right] \\
\gamma &= [w_1, w_2, \ldots, w_T]
\end{aligned}$$

다음 절에서는 각 시간에서의 가중치 w_t는 어떻게 설정하더라도 목적함수의 최적해는

일치한다는 것을 살펴본다. 하지만 가중치 설정 방법에 따라 학습의 용이성이나 추정 결과의 품질이 달라지기 때문에 다양하게 가중치를 주는 방법이 제안되고 있다. 예를 들어 DDPM 논문에서는 모든 t에 대해 $w_t = 1$을 사용해서 학습한다.

DDPM의 학습을 정리하면 다음과 같다.

알고리즘 2.2 DDPM의 학습

입력: $\gamma = [w_i]_{i=1,\ldots,T}$(시간 t의 가중치 매개변수)

repeat

    $\mathbf{x}_0 \sim p_{\text{data}}(\mathbf{x}_0)$

    $t \sim \text{Uniform}(\{1, \ldots, T\})$

    $\epsilon \sim \mathcal{N}(\mathbf{0}, \mathbf{I})$

    $g := \nabla_\theta w_t \|\epsilon - \epsilon_\theta(\sqrt{\bar{\alpha}_t}\mathbf{x}_0 + \sqrt{\bar{\beta}_t}\epsilon, t)\|^2$

    $\theta := \theta - \alpha g$ (경사하강법으로 매개변수 갱신)

until converged

2.3.4 DDPM을 사용한 데이터 생성

이제 확산 모델의 표본추출에 대해서 알아보자. 표본추출은 조상 샘플링을 사용해서 $p_\theta(\mathbf{x}_{t-1}|\mathbf{x}_t) := \mathcal{N}(\mathbf{x}_{t-1}; \mu_\theta(\mathbf{x}_t, t), \Sigma_\theta(\mathbf{x}_t, t))$에 따라 표본을 추출한다.

이것은 변수변환을 해서 $\mu_\theta(\mathbf{x}_t, t) + \sigma_t \mathbf{u}_t$, $\mathbf{u}_t \sim \mathcal{N}(\mathbf{0}, \mathbf{I})$으로 표본추출을 할 수 있다. 평균 μ는 앞의 식 (2.7)과 같이 추정된 잡음을 사용한다.

알고리즘 2.3 DDPM을 사용한 표본추출

$\mathbf{x}_T \sim \mathcal{N}(\mathbf{0}, \mathbf{I})$

for $t = T, \ldots, 1$ **do**

    $\mathbf{u}_t \sim \mathcal{N}(\mathbf{0}, \mathbf{I})$

    if $t = 1$ **then** $\mathbf{u}_t := \mathbf{0}$

    $\mathbf{x}_{t-1} := \frac{1}{\sqrt{\alpha_t}}\left(\mathbf{x}_t - \frac{\beta_t}{\sqrt{\bar{\beta}_t}}\epsilon_\theta(\mathbf{x}_t, t)\right) + \sigma_t \mathbf{u}_t$

end for

return $\mathbf{x}_0$

이 표본추출에서 제5단계는 SBM의 표본추출과 같은 형식이고 현재 표본에 점수(점수와 마이너스 스케일된 잡음은 일치한다)와 정규분포의 잡음을 추가해서 전이한다.

한편 DDPM의 표본추출은 역확산 과정의 $p_\theta(\mathbf{x}_{t-1}|\mathbf{x}_t) = \mathcal{N}(\mathbf{x}_{t-1}; \mu_\theta(\mathbf{x}_t, t), {\sigma_t}^2\mathbf{I})$로부터 추출되고 있는 것에 비해 SBM의 표본추출은 점수를 사용한 랑주뱅 몬테카를로 방법을 이용한다는 차이를 알아두자.

이렇게 DDPM은 확산 과정에서 도출되는 잠재변수 모델이다. 학습은 각 시간의 잡음을 추정하는 문제를 푸는 것으로 진행되고 데이터 생성은 시간마다 디노이징을 해서 조금씩 잡음을 추가하는 과정을 반복한다.

실제 표본추출에서 자주 사용되는 DDIM은 부록 A.5에서 설명한다.

2.4 SBM과 DDPM의 신호 대 잡음비를 사용한 통일적인 구조

SBM과 DDPM은 도출 과정은 다르지만, 목적함수와 표본추출은 같은 형태를 하고 있다. 하지만 SBM과 DDPM에서 입력에 잡음을 더하는 과정은 다음과 같은 차이가 있다.

$$\begin{aligned} &\text{(SBM)} && \mathbf{x}_t = \mathbf{x}_{t-1} + \sigma_t \mathbf{z}_t \\ &\text{(DDPM)} && \mathbf{x}_t = \sqrt{\alpha_t}\mathbf{x}_{t-1} + \sqrt{1-\alpha_t}\mathbf{z}_{t-1} \\ & && \quad (\beta_t{=}1-\alpha_t \text{인 것에 주의}) \end{aligned}$$

SBM에서는 입력은 그대로 남고 잡음의 스케일만 커지지만 DDPM에서는 입력을 작게 한 만큼 잡음을 크게 해나간다는 차이가 있다.

2.4.1 SBM과 DDPM의 관계

SBM과 DDPM이 신호 대 잡음비signal-to-noise ratio, SNR라는 개념을 이용하면 동일한 틀[56]로 나타낼 수 있음을 살펴보자.

지금까지 시간은 이산적인 값이었지만 지금부터는 시간 $t = 0$부터 $t = 1$까지 연속적인 값이고 $t = 0$에서 $t = 1$로 진행됨에 따라 데이터 $\mathbf{x}_0$에 잡음을 서서히 추가하는 과정을 생각해보자. 시간 $t = 0$의 데이터 $\mathbf{x}_0$가 원래 데이터이고, $t > 0$인 $\mathbf{x}_t$는 잡음이 추가된 데이터이다. 확산 과정에서 시간 t에서의 조건부표본 $\mathbf{x}_t$는

$$q(\mathbf{x}_t|\mathbf{x}_0) = \mathcal{N}(\alpha_t \mathbf{x}_0, \sigma_t^2 \mathbf{I}) \tag{2.8}$$

로 두자. 여기서 α_t, ${\sigma_t}^2$는 시간 t를 인수로 받아 양의 스칼라값을 주는 함수이다. 또한, 시간 t에서 신호 대 잡음비는 다음과 같이 정의한다.

$$\mathrm{SNR}(t) = \alpha_t^2 / \sigma_t^2$$

두 개의 시간 s, t에서 $s < t$가 성립할 때 신호 대 잡음비 $\mathrm{SNR}(t)$은 $\mathrm{SNR}(s) > \mathrm{SNR}(t)$을 만족한다. 즉, 시간이 지남에 따라 신호 대 잡음비는 단조감소하는 함수이며 t가 커지면 데이터 중에 신호(원래 데이터)의 비율은 낮아져서 잡음이 지배적으로 된다.

SBM은 임의의 t에 대해 $\alpha_t = 1$이며 입력은 그대로 보존되고 잡음만 커진다. 이 경우 분산은 발산하므로 분산 발산형 확산 과정variance-exploding diffusion process이라고 한다.

이에 반해 DDPM은 $\alpha_t = \sqrt{1 - \sigma_t^2}$이다. 이 경우 입력은 서서히 사라지면서 잡음은 서서히 일정한 크기까지 증가한다. 시간이 지나도 분산은 일정하게 유지되므로(1에 가까워진다) 분산 보존형 확산 과정variance-preserving diffusion process이라고 한다.

이렇게 신호 대 잡음비를 이용한 확산 과정은 SBM과 DDPM의 일반형이다. 이제부터 필요할 때 이외에는 SBM과 DDPM을 특별히 구분하지 않고 합쳐서 확산 모델이라고 부르기로 한다.

임의의 $0 \leq s < t \leq 1$에 대해서 $q(\mathbf{x}_t|\mathbf{x}_s)$를 정규분포라고 두자. 그 평균과 분산은 다음을 만족시킨다는 것을 살펴보자. 이것은 DDPM에서 $q(\mathbf{x}_{t+1}|\mathbf{x}_t)$의 일반화이다.

$$q(\mathbf{x}_t|\mathbf{x}_s) = \mathcal{N}(\alpha_{t|s}\mathbf{x}_s, \sigma_{t|s}^2\mathbf{I})$$
$$\alpha_{t|s} = \alpha_t/\alpha_s \tag{2.9}$$
$$\sigma_{t|s}^2 = \sigma_t^2 - \alpha_{t|s}^2\sigma_s^2$$

식 (2.9) $q(\mathrm{x}_t|\mathrm{x}_s)$의 평균과 분산 증명

증명

$q(\mathbf{x}_t|\mathbf{x}_s)$를 정규분포로 하고 이 정규분포를 $q(\mathbf{x}_t|\mathbf{x}_s) = \mathcal{N}(\mu_{t|s}\mathbf{x}_0, \sigma_{t|s}^2\mathbf{I})$로 둔다.

$q(\mathbf{x}_s|\mathbf{x}_0)$로부터의 표본 $\mathbf{x}_s$는 식 (2.8)의 변수변환으로 다음과 같이 주어진다.

$$\mathbf{x}_s = \alpha_s\mathbf{x}_0 + \sigma_s\epsilon_s, \quad \epsilon_s \sim \mathcal{N}(\mathbf{0}, \mathbf{I}) \tag{2.10}$$

또 $q(\mathbf{x}_t|\mathbf{x}_s)$로부터의 표본 $\mathbf{x}_t$는

$$\mathbf{x}_t = \mu_{t|s}\mathbf{x}_s + \sigma_{t|s}\epsilon_{t|s}, \quad \epsilon_{t|s} \sim \mathcal{N}(\mathbf{0}, \mathbf{I}) \tag{2.11}$$

로 주어진다. $q(\mathbf{x}_t|\mathbf{x}_0)$가 $\mathbf{x}_s$를 경유해서 계산된 경우를 보기 위해서 식 (2.11)에 식 (2.10)을 대입하면

$$\begin{aligned}
\mathbf{x}_t &= \mu_{t|s}(\alpha_s\mathbf{x}_0 + \sigma_s\epsilon_s) + \sigma_{t|s}\epsilon_{t|s} \\
&= \mu_{t|s}\alpha_s\mathbf{x}_0 + \mu_{t|s}\sigma_s\epsilon_s + \sigma_{t|s}\epsilon_{t|s} \\
&= \mu_{t|s}\alpha_s\mathbf{x}_0 + \sqrt{\mu_{t|s}^2\sigma_s^2 + \sigma_{t|s}^2}\epsilon_t
\end{aligned}$$

여기서 마지막 행에서는 정규분포의 확률변수 $X \sim \mathcal{N}(\mathbf{0}, \mathbf{I})$과 $Y \sim \mathcal{N}(\mathbf{0}, \mathbf{I})$의 합 $aX + bY$가 정규분포 $\mathcal{N}(\mathbf{0}, (a^2 + b^2)\mathbf{I})$을 따르는 것을 이용했다.

한편 $q(\mathbf{x}_t|\mathbf{x}_0)$로부터의 표본 $\mathbf{x}_t$는 식 (2.8)의 변수변환으로부터

$$\mathbf{x}_t = \alpha_t \mathbf{x}_0 + \sigma_t \epsilon_t, \quad \epsilon_t \sim \mathcal{N}(\mathbf{0}, \mathbf{I})$$

가 된다. 이를 비교하면 먼저 $\mathbf{x}_0$의 계수가 같으므로 $\mu_{t|s} = \alpha_t/\alpha_s$가 얻어진다.

다음으로 ϵ_t의 계수가 동일하므로 $\sigma_t^2 = \mu_{t|s}^2 \sigma_s^2 + \sigma_{t|s}^2$ 로부터

$$\begin{aligned}\sigma_{t|s}^2 &= \sigma_t^2 - \mu_{t|s}^2 \sigma_s^2 \\ &= \sigma_t^2 - (\alpha_t/\alpha_s)^2 \sigma_s^2\end{aligned}$$

가 얻어진다.

따라서 $q(\mathbf{x}_t|\mathbf{x}_s)$는 $\mathcal{N}(\alpha_t/\alpha_s,\ {\sigma_t}^2 - (\alpha_t/\alpha_s)^2 {\sigma_s}^2)$와 같으며 식 (2.9)로 나타난다. (증명 끝)

또 임의의 3개의 잠재변수 $(\mathbf{x}_s,\ \mathbf{x}_t,\ \mathbf{x}_u)$, $0 \leq s < t < u \leq 1$에 대해 마르코프성이 성립하고 $q(\mathbf{x}_u|\mathbf{x}_t,\ \mathbf{x}_s) = q(\mathbf{x}_u|\mathbf{x}_t)$를 만족시킨다. $q(\mathbf{x}_s|\mathbf{x}_t,\ \mathbf{x}_0)$는 사전분포가 정규분포고 우도가 선형 정규분포인 경우의 사후확률분포 공식(부록 A.1 참조)을 사용해서 다음과 같이 나타낼 수 있다.

$$\begin{aligned} q(\mathbf{x}_s|\mathbf{x}_t, \mathbf{x}_0) &= \mathcal{N}(\tilde{\mu}(s,t), \tilde{\sigma}(s,t)^2 \mathbf{I}) \\ \frac{1}{\tilde{\sigma}(s,t)^2} &= \frac{1}{\sigma_s^2} + \frac{\alpha_{t|s}^2}{\sigma_{t|s}^2} = \frac{\sigma_t^2}{\sigma_{t|s}^2 \sigma_s^2} \\ \tilde{\mu}(s,t) &= \frac{\alpha_{t|s}\sigma_s^2}{\sigma_t^2}\mathbf{x}_t + \frac{\alpha_s \sigma_{t|s}^2}{\sigma_t^2}\mathbf{x}_0 \end{aligned} \tag{2.12}$$

이 증명은 DDPM의 사후확률 $q(\mathbf{x}_{t-1}|\mathbf{x}_t,\ \mathbf{x}_0)$의 증명과 같으므로 여기서는 생략한다.

다음으로 생성 과정인 역확산 과정 $p(\mathbf{x}_s|\mathbf{x}_t)$, $s < t$을 살펴보자. 역확산 과정은 시간이 $t = 1$에서 $t = 0$으로 진행된다. DDPM의 경우와 마찬가지로 잡음이 추가된 데이터 $\mathbf{x}_t$를 디노이징해서 원래 데이터를 추정하고, 이것을 사용한 확산 과정의 사후확률분포 함수형으로 생성 과정의 모델을 정의한다.

$$p(\mathbf{x}_s|\mathbf{x}_t) := q(\mathbf{x}_s|\mathbf{x}_t, \mathbf{x}_0 = \hat{\mathbf{x}}_\theta(\mathbf{x}_t; t)) \tag{2.13}$$

DDPM의 경우와 마찬가지로 $\hat{\mathbf{x}}_\theta$는 잡음을 예측하고 그것을 사용해서 디노이징하는 모델로 두자. $q(\mathbf{x}_t|\mathbf{x}_0)$로부터의 표본은

$$\mathbf{x}_t = \alpha_t \mathbf{x}_0 + \sigma_t \epsilon_t, \quad \epsilon_t \sim \mathcal{N}(\mathbf{0}, \mathbf{I})$$

로 나타나기 때문에,

$$\mathbf{x}_0 = (\mathbf{x}_t - \sigma_t \epsilon_t)/\alpha_t$$

가 된다. 실제로 추가된 잡음을, 추정한 잡음으로 치환해서 디노이징된 표본을 추정한다.

$$\hat{\mathbf{x}}_\theta(\mathbf{x}_t; t) = (\mathbf{x}_t - \sigma_t \hat{\epsilon}_\theta(\mathbf{x}_t; t))/\alpha_t$$

이 식을 식 (2.13)에 대입하면 역확산 과정은

$$p(\mathbf{x}_s|\mathbf{x}_t) = \mathcal{N}(\mathbf{x}_s; \mu_\theta(\mathbf{x}_t, s, t), \tilde{\sigma}(s,t)^2 \mathbf{I})$$

가 된다. 이 $\tilde{\sigma}(s,t)$은 식 (2.12)의 $\tilde{\sigma}(s,t)$와 같다.

평균 $\mu_\theta(\mathbf{x}_t,\ s,\ t)$는 다음 세 가지 형태로 나타낼 수 있다.

$$\mu_\theta(\mathbf{x}_t, s, t) = \frac{\alpha_{t|s}\sigma_s^2}{\sigma_t^2}\mathbf{x}_t + \frac{\alpha_s \sigma_{t|s}^2}{\sigma_t^2}\hat{\mathbf{x}}_\theta(\mathbf{x}_t; t) \tag{2.14}$$

$$= \frac{1}{\alpha_{t|s}}\mathbf{x}_t - \frac{\sigma_{t|s}^2}{\alpha_{t|s}\sigma_t}\hat{\epsilon}_\theta(\mathbf{x}_t; t) \tag{2.15}$$

$$= \frac{1}{\alpha_{t|s}}\mathbf{x}_t + \frac{\sigma_{t|s}^2}{\alpha_{t|s}}\mathbf{s}_\theta(\mathbf{x}_t; t) \tag{2.16}$$

여기서

$$\hat{\epsilon}_\theta(\mathbf{x}_t;t) = (\mathbf{x}_t - \alpha_t \hat{\mathbf{x}}_\theta(\mathbf{x}_t;t))/\sigma_t \quad \text{(추정된 잡음)}$$
$$\mathbf{s}_\theta(\mathbf{x}_t;t) = (\alpha_t \hat{\mathbf{x}}_\theta(\mathbf{x}_t;t) - \mathbf{x}_t)/\sigma_t^2 \quad \text{(추정된 점수)}$$

이다.

이 세 가지 평균의 식에서 알 수 있듯이 확산 과정에 의한 생성 과정(역확산 과정)을 세 가지 관점으로 이해하는 것이 가능하다.

첫 번째는 식 (2.14)와 같이 디노이징한 $\hat{\mathbf{x}}$를 추정하고 그것을 현재의 추정 결과에 서서히 추가해가는 과정으로 보는 관점이다.

두 번째는 식 (2.15)와 같이 잡음 $\hat{\epsilon}$을 추정하고 그것을 현재의 추정 결과에서 제거해가는 과정으로 보는 관점이다.

세 번째는 식 (2.16)과 같이 점수 $\mathrm{s}_\theta(\mathbf{x}_t;\ t)$를 추정하고 현재의 표본을 점수에 따라 갱신하는 과정으로 보는 관점이다.

아래 확산 모델의 목적함수 도출에서는 식 (2.14)의 디노이징한 결과를 추가해가는 정식화를 이용한다. 한편 점수 기반 모델이나 다음 장에서 다룰 확률미분방정식에서는 식 (2.16)과 같이 점수에 따라 갱신하는 관점을 이용한다.

목적함수는 신호 대 잡음비로 나타난다

확산 모델을 DDPM과 마찬가지로 우도의 ELBO를 사용해서 최대우도추정하는 것을 생각해보자. 또 확산 과정으로는 분산 보존형 확산 과정을 생각한다. 다만, 2.4.3절에서 잡음 스케줄의 차이에 따라 학습 결과는 변하지 않는다는 것을 보일 것이므로, 분산 보존형 확산 과정의 결과로부터 분산 발산형 확산 과정의 결과도 얻을 수 있다.

확산 모델은 연속 시간상에서 정의되어 있지만 학습이나 생성할 때에 계산기에서 다룰 수 있도록 유한의 스텝 수 T를 거쳐 생성해야 한다. 시간을 스텝 폭 $\tau = 1/T$의 T개로 분할하고 이 시작 시각과 종료 시각을 $s(i) = (i - 1)/T$, $t(i) = i/T$로 정의한다. 이때 생성 모델의 우도는

$$p(\mathbf{x}) = \int_{\mathbf{x}_{s(0)}, \mathbf{x}_{s(1)}, \ldots} p(\mathbf{x}_1) p(\mathbf{x}|\mathbf{x}_0) \prod_{i=1}^{T} p(\mathbf{x}_{s(i)}|\mathbf{x}_{t(i)})$$

로 정의된다. 여기서는 역확산 과정의 최종 단계의 표본 $\mathbf{x}_0$와 우도를 평가할 대상의 $\mathbf{x}$는 다른 변수인 점에 주의하기를 바란다.

또한 분산 보존형 확산 과정에서는 확산 과정의 마지막 시간의 잠재변수는 잡음이 지배적이기 때문에 임의 $\mathbf{x}_0$에 대해 $q(\mathbf{x}_1|\mathbf{x}_0) \approx \mathcal{N}(\mathbf{0}, \mathbf{I})$가 성립한다. 따라서 $\mathbf{x}_1$의 주변분포 $p(\mathbf{x}_1)$도 잡음으로부터의 표본으로 볼 수 있다.

$$p(\mathbf{x}_1) = \mathcal{N}(\mathbf{0}, \mathbf{I})$$

x_i, $x_{0,\ i}$를 $\mathbf{x}$, $\mathbf{x}_0$의 i번째 성분이라고 하고 $p(\mathbf{x}|\mathbf{x}_0) = \prod_i p(x_i|x_{0,i})$와 같이 각 성분은 독립적으로 생성된다고 생각하자.

이때의 (음의) ELBO는 DDPM과 마찬가지로 다음과 같이 주어진다.

$$-\log p(\mathbf{x}) \leq D_{\mathrm{KL}}(q(\mathbf{x}_1|\mathbf{x}) \| p(\mathbf{x}_1)) + \mathbb{E}_{q(\mathbf{x}_0|\mathbf{x})}[-\log p(\mathbf{x}|\mathbf{x}_0)] + \mathcal{L}_T(\mathbf{x})$$

여기서 $\mathcal{L}_T$는

$$\mathcal{L}_T(\mathbf{x}) = \sum_{i=1}^{T} \mathbb{E}_{q(\mathbf{x}_{t(i)}|\mathbf{x})} D_{\mathrm{KL}}[q(\mathbf{x}_{s(i)}|\mathbf{x}_{t(i)}, \mathbf{x}) \| p(\mathbf{x}_{s(i)}|\mathbf{x}_{t(i)})]$$

가 된다. 이 $D_{\mathrm{KL}}[q(\mathbf{x}_{s(i)}|\mathbf{x}_{t(i)}, \mathbf{x}) \| p(\mathbf{x}_{s(i)}|\mathbf{x}\mathrm{t}_{(i)})]$를 계산한다.

확산 과정 $q(\mathbf{x}_s|\mathbf{x}_t, \mathbf{x})$는 식 (2.12)이다. 이후 식을 유도하기 쉽게 다시 쓴다.

$$
\begin{aligned}
q(\mathbf{x}_s|\mathbf{x}_t, \mathbf{x}) &= \mathcal{N}(\mu_Q(\mathbf{x}_t, \mathbf{x}, s, t), \sigma_Q(s,t)^2\mathbf{I}) \\
\frac{1}{\sigma_Q(s,t)^2} &= \frac{1}{\sigma_s^2} + \frac{\alpha_{t|s}^2}{\sigma_{t|s}^2} = \frac{\sigma_t^2}{\sigma_{t|s}^2\sigma_s^2} \\
\mu_Q(\mathbf{x}_t, \mathbf{x}, s, t) &= \frac{\alpha_{t|s}\sigma_s^2}{\sigma_t^2}\mathbf{x}_t + \frac{\alpha_s\sigma_{t|s}^2}{\sigma_t^2}\mathbf{x}
\end{aligned}
\tag{2.17}
$$

또한 역확산 과정 $p(\mathbf{x}_s|\mathbf{x}_t)$는 디노이징한 결과 $\hat{\mathbf{x}}_\theta(\mathbf{x}_t;t)$를 사용하면 다음과 같이 쓸 수 있다.

$$
\begin{aligned}
p(\mathbf{x}_s|\mathbf{x}_t) &= \mathcal{N}(\mathbf{x}_s; \mu_\theta(\mathbf{x}_t, s, t), \sigma_Q(s,t)^2\mathbf{I}) \\
\mu_\theta(\mathbf{x}_t, s, t) &= \frac{\alpha_{t|s}\sigma_s^2}{\sigma_t^2}\mathbf{x}_t + \frac{\alpha_s\sigma_{t|s}^2}{\sigma_t^2}\hat{\mathbf{x}}_\theta(\mathbf{x}_t;t)
\end{aligned}
$$

이 두 가지를 사용해서 KL 다이버전스를 계산하면

$$
\begin{aligned}
&D_{\mathrm{KL}}[q(\mathbf{z}_s|\mathbf{z}_t, \mathbf{x}_0)\|p(\mathbf{z}_s|\mathbf{x}_t)] \\
&= \frac{1}{2\sigma_Q(s,t)^2}\|\mu_Q - \mu_\theta\|^2 \\
&= \frac{\sigma_t^2}{2\sigma_{t|s}^2\sigma_s^2}\frac{\alpha_s^2\sigma_{t|s}^4}{\sigma_t^4}\|\mathbf{x} - \hat{\mathbf{x}}_\theta(\mathbf{x}_t;t)\|^2 \\
&= \frac{\alpha_s^2\sigma_{t|s}^2}{2\sigma_s^2\sigma_t^2}\|\mathbf{x} - \hat{\mathbf{x}}_\theta(\mathbf{x}_t;t)\|^2 \\
&= \frac{\alpha_s(\sigma_t^2 - \alpha_{t|s}^2\sigma_s)}{2\sigma_s^2\sigma_t^2}\|\mathbf{x} - \hat{\mathbf{x}}_\theta(\mathbf{x}_t;t)\|^2 \\
&= \frac{1}{2}\left(\frac{\alpha_s^2}{\sigma_s^2} - \frac{\alpha_t^2}{\sigma_t^2}\right)\|\mathbf{x} - \hat{\mathbf{x}}_\theta(\mathbf{x}_t;t)\|^2 \\
&= \frac{1}{2}(\mathrm{SNR}(s) - \mathrm{SNR}(t))\|\mathbf{x} - \hat{\mathbf{x}}_\theta(\mathbf{x}_t;t)\|^2
\end{aligned}
$$

가 된다. 확률분포 $q(\mathbf{x}_t|\mathbf{x})$로부터의 표본은 변수변환으로 $\mathbf{x}_t = \alpha_t\mathbf{x} + \sigma_t\epsilon$으로 주어지므로 t와 ϵ만 결정되면 추출할 수 있다. 목적함수는 다음과 같이 주어진다.

$$\mathcal{L}_T(\mathbf{x}) = \frac{T}{2}\mathbb{E}_{\epsilon\sim\mathcal{N}(\mathbf{0},\mathbf{I}),i\sim U\{1,T\}}[(\mathrm{SNR}(s)-\mathrm{SNR}(t))\|\mathbf{x}-\hat{\mathbf{x}}_\theta(\mathbf{x}_t;t)\|^2]$$

여기서 $s = (i-1)/T$, $t = i/T$다. DDPM의 ELBO는 각 시간의 가중치가 복잡한 형태였지만 여기서는 각 시간의 SNR의 차이로 가중치를 나타낼 수 있다.

2.4.2 연속 시간 모델

앞의 목적함수는 ELBO의 참값을 T개의 직사각형을 이용해서 근사한 것으로 볼 수 있다. 적분 대상을 직사각형의 폭을 세밀하게 해서 리만 적분을 계산하듯이 분할 수 T를 크게 해서 ELBO에 대해 수렴하면 이산화 오차가 0에 가까워진다.

또한 분할 수를 무한대로 해서 $t \to \infty$로 한 것이 연속 시간 모델이다. L_T를 스텝 폭 $\tau = 1/T$의 함수로 다음과 같이 나타낸다.

$$\mathcal{L}_T(\mathbf{x}) = \frac{1}{2}\mathbb{E}_{\epsilon\sim\mathcal{N}(\mathbf{0},\mathbf{I}),i\sim U\{1,T\}}[\frac{\mathrm{SNR}(t-\tau)-\mathrm{SNR}(t)}{\tau}\|\mathbf{x}-\hat{\mathbf{x}}_\theta(\mathbf{x}_t;t)\|^2]$$

여기서 $t = i/T, \mathbf{x}_t = \alpha_t\mathbf{x} + \sigma_t\epsilon$이다.

이때, $\tau \to 0,\ T \to \infty$로 하고 $\mathrm{SNR}(t)$의 미분 $\mathrm{dSNR}(t)/\mathrm{d}t$를 $\mathrm{SNR}'(t)$이라 했을 때 위의 식은 다음과 같이 나타낼 수 있다.

$$\begin{aligned}
&\mathcal{L}_\infty(\mathbf{x}) \\
&= -\frac{1}{2}\mathbb{E}_{\epsilon\sim\mathcal{N}(\mathbf{0},\mathbf{I}),t\sim U[0,1]}[\mathrm{SNR}'(t)\|\mathbf{x}-\hat{\mathbf{x}}_\theta(\mathbf{x}_t;t)\|^2] \qquad (2.18) \\
&= -\frac{1}{2}\mathbb{E}_{\epsilon\sim\mathcal{N}(\mathbf{0},\mathbf{I})}\int_0^1 \mathrm{SNR}'(t)\|\mathbf{x}-\hat{\mathbf{x}}_\theta(\mathbf{x}_t;t)\|^2\mathrm{d}t
\end{aligned}$$

이 목적함수는 적당한 실수 시간 $0 < t < 1$에서 표본추출하고 그 시간에서의 디노이징을 $\mathrm{SNR}'(t)$이라는 가중치로 학습하면 추정할 수 있다.

2.4.3 잡음 스케줄과 관계없이 같은 해를 얻을 수 있다

이산화 오차가 없는 연속 시간 모델의 경우에 확산 모델은 잡음 스케줄과 상관없이 스케일의 크기를 제외하고 동일한 결과를 얻을 수 있음을 살펴보자.

함수 SNR(t)은 단조감소함수이므로 가역함수이다.

여기서 목적함수에서 시간 t를 변수변환하고 거기에 대응하는 신호 대 잡음비 v = SNR(t)을 사용할 때 어떻게 나타나는지 살펴보자. α_v, σ_v를 각각 시간 $t = \mathrm{SNR}^{-1}(v)$에서 평가했을 때의 α_t, σ_t로 두자($\alpha_v = \alpha_{t=\mathrm{SNR}^{-1}(v)}, \sigma_v = \sigma_{t=\mathrm{SNR}^{-1}(v)}$). 또 $\mathbf{x}_v = \alpha_v\mathbf{x} + \sigma_v\epsilon$로 둔다. 마찬가지로 섭동 후 표본을 신호 대 잡음비의 값으로 나타낸 $\tilde{\mathbf{x}}_\theta(\mathbf{x}, v) = \hat{\mathbf{x}}_\theta(\mathbf{x}, t = \mathrm{SNR}^{-1}(v))$로 둔다. 이때 연속 시간 모델의 목적함수(2.18)는, 변수변환을 했을 때 $|\mathrm{d}v/\mathrm{d}t|^{-1} = 1/\mathrm{SNR}'(t)$인 것도 고려하면 다음과 같이 얻을 수 있다.

$$\mathcal{L}_\infty(\mathbf{x}) = \frac{1}{2}\mathbb{E}_{\epsilon\sim\mathcal{N}(\mathbf{0},\mathbf{I})}\int_{\mathrm{SNR}_{\min}}^{\mathrm{SNR}_{\max}} \|\mathbf{x} - \hat{\mathbf{x}}_\theta(\mathbf{x}_v; v)\|^2 \mathrm{d}v$$

여기서 $\mathrm{SNR}_{\min} = \mathrm{SNR}(1)$, $\mathrm{SNR}_{\max} = \mathrm{SNR}(0)$이다.

이 식은 잡음 스케줄 $\alpha(t)$, $\sigma(t)$가 목적함수에 영향을 주는 것은 시간 양쪽 끝단인 $\mathrm{SNR}_{\min}$, $\mathrm{SNR}_{\max}$뿐이며 중간 시간의 잡음 스케줄이 달라도 목적함수는 불변이라는 것을 보여준다.

또 이 확산 과정에서 도출되는 확률분포 $p(\mathbf{x})$도 도중의 잡음 스케줄에 대해 불변이라는 것을 다음과 같이 나타낼 수 있다.

구체적으로는 $p^{\mathrm{A}}(\mathrm{x})$를 잡음 스케줄과 디노이징에 의해 $\{\alpha_v^{\mathrm{A}}, \sigma_v^{\mathrm{A}}, \tilde{\mathbf{x}}_\theta^{\mathrm{A}}\}$로 지정된 분포로 하고 $\mathbf{x}_v{}^{\mathrm{A}}$를 이 확산 과정의 v라는 신호 대 잡음비에 대응하는 시간의 잠재변수라고 하자. 마찬가지로 $p^{\mathrm{B}}(\mathbf{x})$를 $\{\alpha_v^{\mathrm{B}}, \sigma_v^{\mathrm{B}}, \tilde{\mathbf{x}}_\theta^{\mathrm{B}}\}$로 지정된 분포로 하고 $\mathbf{x}_v{}^{\mathrm{B}}$를 그 잠재변수로 두자.

이때 신호 대 잡음비의 정의에 따라 $v = {\alpha_v}^2/{\sigma_v}^2$이며 $\sigma_v = \alpha_v/\sqrt{v}$가 되어 잠재변수를 잡음으로 나타낸 ${\mathbf{x}_v}^{\mathrm{A}}(\mathbf{x}, \epsilon)$에 대해 다음이 성립한다.

$$\mathbf{x}_v^{\mathrm{A}}(\mathbf{x}, \epsilon) = \alpha_v^{\mathrm{A}}\mathbf{x} + \sigma_v^{\mathrm{A}}\epsilon = \alpha_v^{\mathrm{A}}(\mathbf{x} + \epsilon/\sqrt{v})$$

마찬가지로 ${\mathbf{x}_v}^{\mathrm{B}}(\mathbf{x}, \epsilon)$에 대해서도 다음이 성립한다.

$$\mathbf{x}_v^{\mathrm{B}}(\mathbf{x}, \epsilon) = \alpha_v^{\mathrm{B}}\mathbf{x} + \sigma_v^{\mathrm{B}}\epsilon = \alpha_v^{\mathrm{B}}(\mathbf{x} + \epsilon/\sqrt{v})$$

따라서 ${\mathbf{x}_v}^{\mathrm{A}}(\mathbf{x}, \epsilon) = ({\alpha_v}^{\mathrm{A}}/{\alpha_v}^{\mathrm{B}}){\mathbf{x}_v}^{\mathrm{B}}(\mathbf{x}, \epsilon)$가 성립한다.

이 관계가 나타내는 것은 서로 다른 잡음 스케줄을 가진 확산 과정에서 도출된 생성 과정의 잠재변수는 스케일 $({\alpha_v}^{\mathrm{A}}/{\alpha_v}^{\mathrm{B}})$을 제외하고 일치하며 그 정보는 신호 대 잡음비 v에만 의존하고 각 시간의 α_t, σ_t에는 의존하지 않는다는 것이다.

따라서 양 끝단 $t = 0$, $t = 1$의 SNR 비가 동일하다면 서로 다른 확산 과정은 같은 목적함수를 가지며 잠재변수는 $({\alpha_v}^{\mathrm{A}}/{\alpha_v}^{\mathrm{B}})$라는 다른 스케일을 갖는 것을 제외하고는 확률 분포도 일치한다.

이렇게 SBM의 대표인 분산 발산형 확산 과정과 DDPM의 대표인 분산 보존형 확산 과정은 연속 시간 모델에서는 일치한다. 따라서 학습할 때는 편한 과정을 선택해서 학습시키면 된다.

2.4.4 학습 가능한 잡음 스케줄

마지막으로 각 시간의 잡음의 크기를 학습으로 결정하는 것을 살펴보자. 예를 들어 매개변수가 θ인 단조증가함수 $\gamma_\theta(t)$와 시그모이드 함수 $\mathrm{sigmoid}(x) = \frac{1}{1+\exp(-x)}$을 적용한 값을 분산 σ^2로 이용하는 경우를 살펴보자.

$$\sigma_t^2 = \text{sigmoid}(\gamma_\theta(t))$$

또한 확산 과정으로 분산보존형 확산 과정 $\alpha_t = \sqrt{1-\sigma_t^2}$을 생각하면 ${\alpha_t}^2$과 SNR(t)은 각각

$$\alpha_t^2 = \text{sigmoid}(-\gamma_\theta(t))$$
$$\text{SNR}(t) = \exp(-\gamma_\theta(t))$$

으로 주어진다. 이 경우에 앞의 이산 시간의 목적함수는 다음과 같다.

$$\mathcal{L}_T(\mathbf{x}) = \frac{T}{2}\mathbb{E}_{\epsilon\sim\mathcal{N}(\mathbf{0},\mathbf{I}),i\sim U\{1,T\}}[(\exp(\gamma_\theta(t)-\gamma_\theta(s))-1)\|\epsilon-\hat{\epsilon}_\theta(\mathbf{x}_t;t)\|^2]$$

여기서 $\mathbf{x}_t = \sqrt{\text{sigmoid}(-\gamma_\theta(t))}\,\mathbf{x} + \sqrt{\text{sigmoid}(\gamma_\theta(t))}\,\epsilon$이다.

여기서 가중치로 나오는 exp(.) – 1이라는 연산은 수치적으로 안정적으로 계산할 수 있는 expm1(.)를 사용하면 계산할 수 있다. 기존에는 64비트 부동소수점으로 계산해야 했지만, 이 경우는 32비트나 그보다 적은 비트를 사용하는 부동소수점으로 구할 수 있다.

또한 연속 시간 모델일 때의 목적함수는 다음과 같다.

$$\mathcal{L}_\infty(\mathbf{x}) = \frac{1}{2}\mathbb{E}_{\epsilon\sim\mathcal{N}(\mathbf{0},\mathbf{I}),t\sim\mathcal{U}(\mathbf{0},1)}\left[\gamma'_\theta(t)\|\epsilon-\hat{\epsilon}_\theta(\mathbf{x}_t;t)\|^2\right]$$

여기서 $\gamma'(t) = \mathrm{d}\gamma(t)/\mathrm{d}t$다.

요약

이 장에서는 점수 기반 모델SBM과 디노이징 확산확률 모델DDPM이라는 두 가지 생성 모델을 소개했다.

SBM은 점수를 사용한 랑주뱅 몬테카를로 방법의 문제(다봉분포를 효율적으로 탐색할 수 없고 미학습 영역이 존재한다)를 해결하기 위해서 원래의 데이터 분포에 다른 크기의 잡음을 추가해서 교란한 분포를 여러 개 준비하여 각각의 점수를 추정한다. 그리고 서서히 잡음 레벨을 낮춘, 교란 후 분포를 사용한 랑주뱅 몬테카를로 방법으로 전이를 반복해서 데이터 분포로부터 표본을 얻는다.

DDPM은 데이터에 서서히 잡음을 추가해서 완전한 잡음으로 변환하는 확산 과정과, 이 확산 과정의 역방향인 역확산 과정으로 잡음으로부터 데이터를 생성하는 과정이었다. DDPM은 잠재변수 모델로 볼 수 있으며, 우도의 ELBO 최대화로 학습할 수 있다. 이 ELBO는 각 시간에서의 디노이징 작업으로 볼 수 있으며, SBM과 가중치는 다르지만 동일한 목적함수가 도출된다.

또한 신호 대 잡음비를 사용하면 SBM과 DDPM은 동일한 틀에서 다룰 수 있으며 이것을 확산 모델이라고 부른다. 또한 스텝 수를 무한대로 하면 이산화 오차를 0에 근접시킬 수 있다는 것을 살펴보았다. 더불어 서로 다른 잡음 스케줄에 의해 얻어지는 생성 과정도 일치하기 때문에 SBM과 DDPM이 완전히 통일된다.

CHAPTER 3

연속 시간 확산 모델

앞 장에서는 데이터에 서서히 잡음을 추가하는 확산 과정을 반대로 거슬러 올라가는 역확산 과정을 이용해서 잡음으로부터 데이터를 생성하는 것을 살펴보았다. 이 과정에서 스텝 수를 늘리면 늘릴수록 이산화 오차를 작게 할 수 있다.

잡음을 추가하는 과정의 스텝 수를 무한대로 늘려서 연속 시간화한 확산 모델은 확률미분방정식SDE으로 볼 수 있다. 또 유도된 확률미분방정식은 그것과 동일한 확률분포를 가지는 상미분방정식ODE으로 변환할 수 있다. 이 상미분방정식을 확률 플로 ODE라고 부른다. 확산 모델을 SDE나 ODE로 다루면 관련 분야의 여러 가지 발전된 방법을 사용할 수 있다.

확률 플로 ODE는 잡음을 포함하지 않는 결정론적 과정으로 사전분포와 데이터 분포를 서로 변환하고 로그 우도의 하한이 아닌 로그 우도의 불편추정량을 평가할 수 있으며 데이터와 잠재 표현 간에 일대일 대응이 될 수 있게 하는 등의 우수한 성질을 가진다.

여기서는 기존 생성 모델에는 없었던 확산 모델의 여러 가지 우수한 특징을 살펴본다.

이 장은 확률미분방정식에 대한 지식이 필요하다. 확률미분방정식에 대한 내용은 참고문헌[14][15] 등을 읽어나가길 바란다.

3.1 확률미분방정식

확률미분방정식stochastic differential equation, SDE은 다음과 같다(식 3.1).

$$\mathrm{d}\mathbf{x} = \mathbf{f}(\mathbf{x}, t)\mathrm{d}t + \mathbf{G}(\mathbf{x}, t)\mathrm{d}\mathbf{w} \tag{3.1}$$

이 식에서 $\mathrm{d}\mathbf{x}$는 $\mathbf{x}$의 아주 작은 변화량이다. 이 변화량은 결정론적으로 변하는 양 $\mathbf{f}(\mathbf{x}, t)\mathrm{d}t$와 무작위로 변하는 양 $\mathbf{G}(\mathbf{x}, t)\mathrm{d}\mathbf{w}$의 합으로 구성된다. $\mathbf{w}$는 표준 위너Wiener 과정 또는 브라운운동이라고도 부르며 $\mathrm{d}\mathbf{w}$는 아주 작은 시간 간격 τ에서 평균이 $\mathbf{0}$, 분산이 τ인 정규분포로 본다.

이 위너 과정이 정하는 경로는 아무리 확대를 하더라도 상하로 심하게 변화하는(국소적으로 매끄럽지 못한) 경로라서, 여러 점에서 미분 불가능하다. 그래서 일반적인 미분이나 적분과는 다른 규칙을 사용해서 미분이나 적분해야 한다.

이 확률미분방정식에서 $\mathbf{f}(\cdot, t)$: $\mathbb{R}^d \rightarrow \mathbb{R}^d$는 벡터를 입력으로 받아 벡터를 출력하는 함수이며 추세 계수라고 부른다. 또한 행렬 $\mathbf{G}(\cdot, t)$: $\mathbb{R}^d \rightarrow \mathbb{R}^{d \times d}$는 벡터를 입력으로 받아 행렬을 출력하는 함수이며 확산 계수라고 부른다.

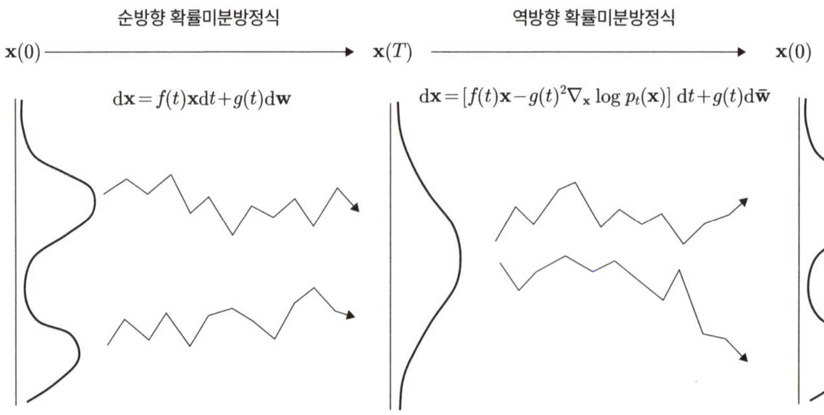

순방향 확률미분방정식에 의해 데이터 분포는 파괴되어 사전분포로 변환되고 역방향 확률미분방정식에 의해 사전분포에서 데이터 분포로 변환된다.

그림 3.1

일반적으로 확산 모델에서 다루는 확률미분방정식은 다음과 같이 추세 계수를 시간에만 의존하는 함수 $f(t)$와 입력 $\mathbf{x}$의 곱으로 나타내고 확산 계수 $g(\cdot)$: $\mathbb{R} \to \mathbb{R}$는 시간에만 의존하는 스칼라값을 출력한다(대각행렬을 출력하고 대각성분이 모두 같은 스칼라값인 경우로 생각해도 좋다).

$$\mathrm{d}\mathbf{x} = f(t)\mathbf{x}\mathrm{d}t + g(t)\mathrm{d}\mathbf{w} \tag{3.2}$$

이 장에서 소개하는 여러 가지 성질은 일반적인 식 (3.1)로 증명하며 필요에 따라 식 (3.2)를 사용한다.

SDE는 추세 계수 $\mathbf{f}$, 확산 계수 $\mathbf{G}$가 입력과 시간에 대해 립시츠 연속성Lipschitz continuity을 가질 때 해가 존재한다. 이 경우에 위너 과정이 가져오는 무작위성 때문에 하나의 경로가 아니라 여러 가지 경로가 확률적으로 얻어진다. 이때의 $\mathbf{x}(t)$의 확률밀도를 $p_t(\mathbf{x})$로 나타낸다. 또한 입력을 오랜 시간 확산시킨 후에 얻어지는 분포 $p_T(\mathbf{x})$를 이산 시간인 경우와 마찬가지로 사전분포라고 부른다.

$0 \leq s < t \leq \mathrm{T}$일 때 $p_{st}(\mathbf{x}(t)|\mathbf{x}(s))$를 $\mathbf{x}(s)$로부터 $\mathbf{x}(t)$로의 조건부확률로 한다.

3.2 SBM과 DDPM의 SDE 표현

SBM과 DDPM을 연속 시간화하면 어떤 확률미분방정식(추세 계수와 확산 계수)이 되는지 살펴보자.

SBM의 확산 과정은 다음과 같이 주어졌다.

$$q(\mathbf{x}_i|\mathbf{x}) = \mathcal{N}(\mathbf{x}, \sigma_i^2\mathbf{I}) \tag{3.3}$$

이 경우에 1스텝의 확산 과정은 식 (2.9)의 $\alpha_i = 1$인 경우이며 다음과 같다.

$$q(\mathbf{x}_i|\mathbf{x}_{i-1}) = \mathcal{N}(\mathbf{x}_i; \mathbf{x}_{i-1}, (\sigma_i^2 - \sigma_{i-1}^2)\mathbf{I})$$

이 확산 과정은 변수변환을 하면

$$\mathbf{x}_i = \mathbf{x}_{i-1} + \sqrt{\sigma_i^2 - \sigma_{i-1}^2}\mathbf{z}_{i-1}$$
$$\mathbf{z}_{i-1} \sim \mathcal{N}(\mathbf{0}, \mathbf{I})$$

가 된다. 간단하게 하기 위해 $\sigma_0 = 0$으로 한다.

여기서 $N \to \infty$인 경우를 생각해보자. 이 경우, $\{\mathbf{x}_i\}_{i=1}^N$은 연속 확률과정 $\{\mathbf{x}(t)\}_{t=0}^1$이 되고 σ_i는 함수 $\sigma(t)$, $\mathbf{z}_i$는 함수 $\mathbf{z}(t)$가 된다.

또 $\Delta t = 1/N$로 하고, $t \in \left\{0, \frac{1}{N}, \ldots, \frac{N-1}{N}\right\}$로 한다.

이때

$$\begin{aligned}
&\mathbf{x}(t+\Delta t) \\
&\quad = \mathbf{x}(t) + \sqrt{\sigma(t+\Delta t)^2 - \sigma(t)^2}\mathbf{z}(t) \\
&\quad \approx \mathbf{x}(t) + \sqrt{\frac{\mathrm{d}[\sigma(t)^2]}{\mathrm{d}t}\Delta t}\,\mathbf{z}(t)
\end{aligned}$$

이 근사는 $\Delta t \ll 1$일 때 차분을 1차 근사하는 것으로 성립한다.

여기서 $\Delta t \to 0$이라고 할 때

$$\mathrm{d}\mathbf{x} = \sqrt{\frac{\mathrm{d}[\sigma(t)^2]}{\mathrm{d}t}}\mathrm{d}\mathbf{w}$$

가 된다.

이렇게 SBM에서 도출된 SDE는 시간이 지날수록 분산이 커지는 과정이기 때문에 분산 발산형 SDE(VE-SDE)라고 한다.

이에 비해서 DDPM은 다음과 같은 형태였다($\alpha_i := 1 - \beta_i$인 것에 주의).

$$\mathbf{x}_i = \sqrt{1-\beta_i}\mathbf{x}_{i-1} + \sqrt{\beta_i}\,\mathbf{z}_{i-1}, \quad i = 1, \ldots, N$$

$N \to \infty$이기 때문에 $\hat{\beta}_i = N\beta_i$로 변수변환을 하면 다음과 같다.

$$\mathbf{x}_i = \sqrt{1 - \frac{\hat{\beta}_i}{N}}\mathbf{x}_{i-1} + \sqrt{\frac{\hat{\beta}_i}{N}}\mathbf{z}_{i-1}$$

$N \to \infty$에서는 $\{\hat{\beta}_i\}_{i=1}^N$는 시간 t를 인수로 하는 함수 $\beta(t)$가 된다.

앞과 같이 $\Delta t = 1/N$, $t \in \{0, \frac{1}{N}, \ldots, \frac{N-1}{N}\}$을 대입하면

$$\begin{aligned}
&\mathbf{x}(t+\Delta t) \\
&\quad = \sqrt{1-\beta(t+\Delta t)\Delta t}\,\mathbf{x}(t) + \sqrt{\beta(t+\Delta t)\Delta t}\,\mathbf{z}(t) \\
&\quad \approx \mathbf{x}(t) - \frac{1}{2}\beta(t+\Delta t)\Delta t\,\mathbf{x}(t) + \sqrt{\beta(t+\Delta t)\Delta t}\,\mathbf{z}(t) \\
&\quad \approx \mathbf{x}(t) - \frac{1}{2}\beta(t)\Delta t\,\mathbf{x}(t) + \sqrt{\beta(t)\Delta t}\,\mathbf{z}(t)
\end{aligned}$$

첫 번째 근사는 $\Delta t \ll 1$일 때의 1차 근사, 두 번째의 근사는 $\Delta t \simeq 0$일 때 성립한다.

$\Delta t \to 0$일 때,

$$\mathrm{d}\mathbf{x} = -\frac{1}{2}\beta(t)\mathbf{x}\mathrm{d}t + \sqrt{\beta(t)}\mathrm{d}\mathbf{w}$$

가 된다.

DDPM으로부터 유도된 SDE는 시간이 지나도 분산이 일정하게 유지되는 과정이므로

분산 보존형 SDE VP-SDE라고 한다.

3.3 SDE 표현의 역확산 과정

지금까지는 데이터 분포로부터 사전분포를 향해서 변화해가는 확산 과정의 SDE를 설명했다. 이 반대인 역확산 과정으로 생성 과정이 정의된다. 즉, 사전분포 $p_T(\mathbf{x})$로부터 확산 과정을 반대로 거슬러 올라가서 시간 $t = 0$에 이르렀을 때의 확률분포 $p_0(\mathbf{x})$를 따르는 과정이다.

확산 과정의 SDE가

$$\mathrm{d}\mathbf{x} = \mathbf{f}(\mathbf{x}, t)\mathrm{d}t + \mathbf{G}(\mathbf{x}, t)\mathrm{d}\mathbf{w} \tag{3.4}$$

로 주어졌을 때 이 SDE의 역확산 과정은 다음과 같은 또 다른 SDE로 주어진다[16]. 증명은 부록 A.6에서 설명한다.

$$\mathrm{d}\mathbf{x} = \left\{\mathbf{f}(\mathbf{x}, t) - \nabla\cdot[\mathbf{G}(\mathbf{x}, t)\mathbf{G}(\mathbf{x}, t)^\top] - [\mathbf{G}(\mathbf{x}, t)\mathbf{G}(\mathbf{x}, t)^\top]\nabla_{\mathbf{x}}\log p_t(\mathbf{x})\right\}\mathrm{d}t + \mathbf{G}(\mathbf{x}, t)\mathrm{d}\bar{\mathbf{w}}$$

여기서 여기서 $\bar{\mathbf{w}}$는 시간 T에서 0까지 역방향으로 진행했을 때의 표준 위너 과정이고 $\mathrm{d}t$는 역방향의 무한소 스텝이다. 그리고 행렬을 출력하는 함수 $\mathbf{F}$에 대하여 $\mathbf{f}^i(\mathbf{x})$를 $\mathbf{F}(\mathbf{x})$의 출력값의 i열의 벡터라고 할 때 $\nabla\cdot\mathbf{F}(\mathbf{x}) := (\nabla\cdot\mathbf{f}^1(\mathbf{x}), \nabla\cdot\mathbf{f}^2(\mathbf{x}), \ldots, \nabla\cdot\mathbf{f}^d(\mathbf{x}))^\top$로 정의된다.

또, 확산 모델에서 사용하는 다음 SDE $\mathrm{d}\mathbf{x} = f(t)\mathbf{x}\mathrm{d}t + g(t)\mathrm{d}\mathbf{w}$(식 (3.2))의 경우에 역확산 과정은 크게 간략화되어(위 식에 $\mathbf{G}(\mathbf{x}, t) = g(t)\mathbf{I}$를 대입) 다음 SDE로 주어진다[16].

$$\mathrm{d}\mathbf{x} = [f(t)\mathbf{x} - g(t)^2\nabla_{\mathbf{x}}\log p_t(\mathbf{x})]\mathrm{d}t + g(t)\mathrm{d}\bar{\mathbf{w}} \tag{3.5}$$

이 역확산 과정이 생성 과정이며 각 시간의 점수 $\nabla_{\mathrm{x}} \log p_t(\mathbf{x})$만 알면 사전분포 $p_T(\mathbf{x})$로부터 데이터 분포 $p_0(\mathbf{x})$로 변환되는 경로를 구할 수 있다.

3.4 SDE 표현 확산 모델 학습

SBM 학습과 마찬가지로 각 시간의 점수를 학습하는 경우에는 다음 조건부확률(확산 커널)을 알아야 한다.

$$p_{0t}(\mathbf{x}(t)|\mathbf{x}(0))$$

SDE가

$$\mathrm{d}\mathbf{x} = f(t)\mathbf{x}\mathrm{d}t + g(t)\mathrm{d}\mathbf{w}$$

의 형태라면 조건부확률은 다음과 같은 정규분포로 나타낼 수 있다[14][15].

$$p_{0t}(\mathbf{x}(t)|\mathbf{x}(0)) = \mathcal{N}(s(t)\mathbf{x}(0), s(t)^2\sigma(t)^2\mathbf{I}) \tag{3.6}$$

여기서

$$s(t) = \exp\left(\int_0^t f(\xi)\mathrm{d}\xi\right)$$
$$\sigma(t) = \sqrt{\int_0^t \frac{g(\xi)^2}{s(\xi)^2}\mathrm{d}\xi}$$

이다.

덧붙여 추세 계수가 시간에 대해 선형 변환인 경우의 조건부확률은 정규 분포이고 그 평균과 분산은 해석적으로 구할 수 있다[15].

이 공식에 따라 VE-SDE, VP-SDE의 확산 과정의 조건부확률은 다음과 같이 주어진다.

$$\begin{aligned}
&\text{(VE-SDE)} \quad p_{0t}(\mathbf{x}(t)|\mathbf{x}(0)) = \mathcal{N}(\mathbf{x}(t); \mathbf{x}(0), [\sigma(t)^2 - \sigma(0)^2]\mathbf{I}) \\
&\text{(VP-SDE)} \quad p_{0t}(\mathbf{x}(t)|\mathbf{x}(0)) \\
&\qquad = \mathcal{N}(\mathbf{x}(t); \mathbf{x}(0)\exp(-\frac{1}{2}\gamma(t)), \mathbf{I} - \mathbf{I}\exp(-\gamma(t)))
\end{aligned}$$

여기서 $\gamma(t) := \int_0^t \beta(s)ds$이다.

이 확산 과정의 조건부확률을 사용하면 각 시간의 점수는 디노이징 점수 매칭으로 추정할 수 있다. 그리고 추정된 점수를 역확산 과정에 이용하면 표본 생성을 시뮬레이션할 수 있다.

이때의 명시적 점수 매칭의 목적함수는 다음과 같다.

$$\mathbb{E}_t\left[\lambda(t)\mathbb{E}_{\mathbf{x}(0)\sim p_{\text{data}}(\mathbf{x})}\mathbb{E}_{\mathbf{x}(t)\sim p_{0t}(\mathbf{x}(t)|\mathbf{x}(0))}[\mathbf{s}_\theta(\mathbf{x}(t), t) - \nabla_{\mathbf{x}(t)}\log p_{0t}(\mathbf{x}(t)|\mathbf{x}(0))]\right]$$

여기서 $\lambda(t)$는 각 시간에서의 가중치이다. 이것을 디노이징 점수 매칭으로 변환하고 목적함수로 학습한다.

이산 시간의 경우에 디노이징 점수 매칭을 수행하는 SBM의 목적함수와 로그 우도의 ELBO를 최대화하는 DDPM의 목적함수는 가중치를 제외하고 일치한다는 것을 살펴보았다.

마찬가지로 SDE에서 각 시간의 디노이징 점수 매칭 손실을 최소화하는 것은 역방향 SDE의 점수를 사용하는 경우의 로그 우도의 하한을 최대화하는 것이라는 것을 증명할 수 있다[17]. 예를 들면 각 시간에서의 가중치 $\lambda(t)$가 $\lambda(t) = g(t)^2$일 때 점수 매칭의 목적함수는 음의 로그 우도의 상한이 된다는 것도 증명할 수 있다[18]. 또한 다른 가중치를 부여하는 다양한 f-다이버전스 최소화도 보였다.

3.5 SDE 표현 확산 모델 표본추출

디노이징 점수 매칭으로 계산된 점수 $\mathbf{s}_\theta(\mathbf{x}, t)$를 식 (3.5)의 점수 부분에 대입해서 역확산 과정을 시뮬레이션하면 데이터 분포로부터의 표본을 얻는다. 이것을 플러그인 역방향 SDE라고 한다.

이 경우에 시간 $t = 1$에서 시작해서 시간 $t = 0$의 표본 $\mathbf{x}_0 \sim p(\mathbf{x}_0)$을 계산한다. 이 SDE를 푸는 가장 단순한 방법은 오일러-마루야마Euler-Maruyama 방법이다. 이것은 SDE를 T개의 짧은 시간으로 이산화하고 각 스텝에서 SDE의 식을 1차 근사하면서 진행한다. $T = t_T > t_{T-1} > \dots > t_0 = 0$을 각 스텝의 시간으로 두고 $\Delta_i = t_i - t_{i-1}$로 하고 아래와 같이 표본을 추출한다.

알고리즘 3.1 오일러-마루야마 방법을 이용한 표본추출

1 : $\mathbf{x} \sim \mathcal{N}(\mathbf{0}, \mathbf{I})$
2 : **for** $i = T, \dots, 1$ **do**
3 : $\quad \mathbf{z}_i \sim \mathcal{N}(\mathbf{0}, \mathbf{I})$
4 : $\quad \mathbf{x} := \mathbf{x} - [f(t_i)\mathbf{x} - g(t_i)^2 \mathbf{s}_\theta(\mathbf{x}, t_i)]\Delta t_i + g(t_i)\sqrt{|\Delta t_i|}\mathbf{z}_i$
5 : **end for**
6 : **return** $\mathbf{x}_0$

이렇게 오일러-마루야마 방법을 사용한 갱신은 랑주뱅 몬테카를로 방법과 유사하며 현재의 표본을 점수와 약간의 잡음을 이용해서 갱신한다고 볼 수 있다.

또한 예측기-보정기 샘플링predictor-corrector sampling은 임의의 SDE 솔버solver로 예측한 결과를 점수 함수 $\mathbf{s}_\theta(\mathbf{x}, t) \approx \nabla_{\mathbf{x}} \log p_t(\mathbf{x})$를 사용하는 MCMC 방법으로 수정하는 방법이다. 예측기, 보정기에 임의의 SDE 솔버와 MCMC 방법을 조합할 수 있다.

3.6 확률 플로 ODE

임의의 SDE는 동일한 주변분포 $\{p_t(\mathbf{x})\}_{t\in[0,T]}$를 가진 상미분방정식ordinary differential equation, ODE으로 변환할 수 있다. ODE는 확률적인 요소를 포함하지 않는다. 그래서 ODE를 풀면 역방향 SDE와 동일한 데이터 분포로부터 표본을 추출할 수 있다. 식 (3.1)에 대응하는 ODE는 확률 플로 ODE라고 하며 다음과 같은 형태로 주어진다(그림 3.2).

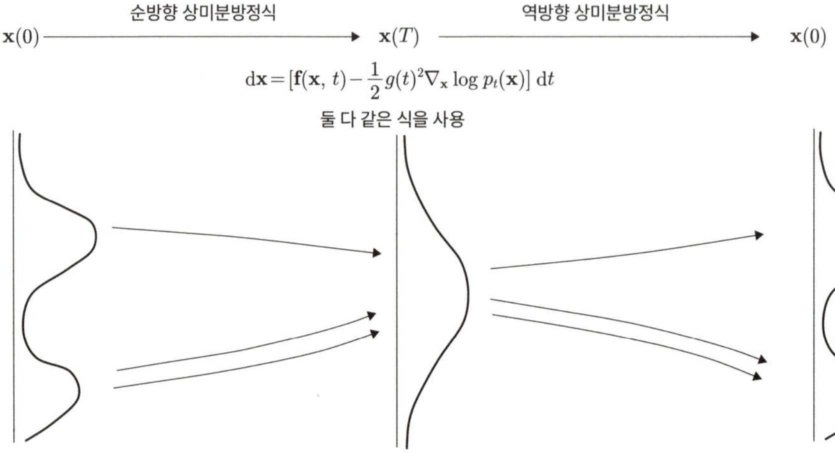

확률미분방정식은 상미분방정식으로 나타낼 수 있으며 데이터 분포로부터 사전분포로의 변환은 가역 변환으로 나타낼 수 있다.

그림 3.2

$$\mathrm{d}\mathbf{x} = [\mathbf{f}(\mathbf{x}, t) - \frac{1}{2}g(t)^2 \nabla_{\mathbf{x}} \log p_t(\mathbf{x})]\mathrm{d}t \tag{3.7}$$

앞에 나왔던 역방향 SDE와 비슷한 모양을 하고 있으나 확률과정 $\mathrm{d}\mathbf{w}$가 없어졌고 또 점수에 계수 1/2이 붙어 있는 것에 주의하자.

확률 플로 ODE의 주변 우도가 SDE의 주변 우도와 일치한다는 증명은 3.6.1절에서 보이겠다.

이 과정은 결정론적 과정이며 t를 증가시키는 방향으로도 감소시키는 방향으로도 성립한다. 즉 이 식을 사용해서 데이터 분포의 표본으로부터 사전분포의 표본으로의 변환과 그 반대도 함께 표현할 수 있다. 이 경우에 데이터 분포로부터 사전분포로의 변환은 확산 과정이 아니고 점수에 따라서 결정론적으로 전이한다.

확률 플로 ODE의 $\nabla_{\mathrm{x}} \log p_t(\mathbf{x})$를 디노이징 점수 매칭으로 추정한 점수 함수 $\mathbf{s}_\theta(\mathbf{x},\ t)$로 치환하면 생성 모델을 정의할 수 있다.

확률 플로 ODE는 ODE를 사용한 생성 모델인 신경 ODEneural ODE의 특수한 형태로 볼 수 있다. 신경 ODE는 미분방정식을 사용해서 사전분포에서 추출된 데이터를 변화시키는 방법으로 각 시간의 변화량을 신경망으로 모델링한다. 확률 플로 ODE는 이 변화량을 앞의 식 (3.6)을 바탕으로 정의한다.

확률 플로 ODE는 잡음을 포함하는 SDE식과는 다르므로 일대일 대응하는 가역변환을 사용해서 표본을 추출하기 쉬운 사전분포 $p_T(\mathbf{x})$로부터 복잡한 분포 $p_0(\mathbf{x})$로 변환시킨다. 그래서 확률 플로 ODE는 데이터 분포 $p_0(\mathbf{x})$와 사전분포 $p_T(\mathbf{x})$ 간에 일대일 대응이 되게 한다.

지금까지 살펴본 확산 모델이나 SDE를 이용한 정식화에서는 사전분포 $\mathbf{x}_T \sim p_T(\mathbf{x})$와 생성대상분포 $\mathbf{x}_0(\mathbf{x})$와의 사이에는 대응 관계가 없으며 데이터의 정보는 생성 도중에 조금씩 추가되는 잡음에 포함되었다. 하지만 확률 플로 ODE는 사전분포의 잡음과 입력은 일대일로 대응하기 때문에 한쪽을 알면 다른 한쪽이 결정된다.

확률 플로 ODE를 사용하는 표본추출은 확률적인 요소가 적기 때문에 적은 스텝 수로도 높은 품질의 표본을 얻을 수 있다. 한편 SDE에 추가되는 잡음과 SDE에 적용되는 MCMC 방법에는 이산화 오차를 개선하는 효과가 있다는 것이 알려져서 확률 플로 ODE에 약간의 잡음을 추가해서 생성하면 생성 품질을 개선할 수 있다[8].

3.6.1 확률 플로 ODE와 SDE의 주변 우도가 일치한다는 증명

확률 플로 ODE의 확률분포 식 (3.7)과 SDE의 주변 우도가 일치하는 것을 증명한다.

증명

좀 더 일반적인 형태의 SDE는 다음과 같다.

$$\mathrm{d}\mathbf{x} = \mathbf{f}(\mathbf{x}, t)\mathrm{d}t + \mathbf{G}(\mathbf{x}, t)\mathrm{d}\mathbf{w}$$

이 주변 우도 분포는 콜모고로프Kolmogorov 전진 방정식(포커르-플랑크Fokker-Planck 방정식)[14][15]에 의해 다음과 같이 정의된다.

$$\begin{aligned}
&\frac{\partial p_t(\mathbf{x})}{\partial t} \\
&= -\sum_{i=1}^{d} \frac{\partial}{\partial x_i}[f_i(\mathbf{x}, t)p_t(\mathbf{x})] + \frac{1}{2}\sum_{i=1}^{d}\sum_{j=1}^{d}\frac{\partial^2}{\partial x_i \partial x_j}\left[\sum_{k=1}^{d} G_{ik}(\mathbf{x}, t)G_{jk}p_t(\mathbf{x})\right] \\
&= -\sum_{i=1}^{d} \frac{\partial}{\partial x_i}[f_i(\mathbf{x}, t)p_t(\mathbf{x})] + \frac{1}{2}\sum_{i=1}^{d}\frac{\partial}{\partial x_i}\underbrace{\left[\sum_{j=1}^{d}\frac{\partial}{\partial x_j}\left[\sum_{k=1}^{d} G_{ik}(\mathbf{x}, t)G_{jk}p_t(\mathbf{x})\right]\right]}_{(1)}
\end{aligned} \tag{3.8}$$

여기서 (1)은

$$\begin{aligned}
&\sum_{j=1}^{d}\frac{\partial}{\partial x_j}\left[\sum_{k=1}^{d} G_{ik}(\mathbf{x}, t)G_{jk}p_t(\mathbf{x})\right] \\
&\quad = \sum_{j=1}^{d}\frac{\partial}{\partial x_j}\left[\sum_{k=1}^{d} G_{ik}(\mathbf{x}, t)G_{jk}(\mathbf{x}, t)\right]p_t(\mathbf{x}) \\
&\qquad\qquad + \sum_{j=1}^{d}\sum_{k=1}^{d} G_{ik}(\mathbf{x}, t)G_{jk}(\mathbf{x}, t)p_t(\mathbf{x})\frac{\partial}{\partial x_j}\log p_t(\mathbf{x}) \\
&\quad = p_t(\mathbf{x})\nabla\cdot[\mathbf{G}(\mathbf{x}, t)\mathbf{G}(\mathbf{x}, t)^{\mathsf{T}}] + p_t(\mathbf{x})\mathbf{G}(\mathbf{x}, t)\mathbf{G}(\mathbf{x}, t)^{\mathsf{T}}\nabla_{\mathbf{x}}\log p_t(\mathbf{x})
\end{aligned}$$

로 변형할 수 있다. 앞의 식 (3.8)에 대입하면

$$
\begin{aligned}
&= -\sum_{i=1}^{d} \frac{\partial}{\partial x_i}[f_i(\mathbf{x},t)p_t(\mathbf{x})] \\
&\quad + \frac{1}{2}\sum_{i=1}^{d} \frac{\partial}{\partial x_i}\Big[p_t(\mathbf{x})\nabla\cdot[\mathbf{G}(\mathbf{x},t)\mathbf{G}(\mathbf{x},t)^{\mathsf{T}}] \\
&\qquad\qquad + p_t(\mathbf{x})\mathbf{G}(\mathbf{x},t)\mathbf{G}(\mathbf{x},t)^{\mathsf{T}}\nabla_{\mathbf{x}}\log p_t(\mathbf{x})\Big] \\
&= -\sum_{i=1}^{d} \frac{\partial}{\partial x_i}\Big\{f_i(\mathbf{x},t)p_t(\mathbf{x}) - \frac{1}{2}\Big[\nabla\cdot[\mathbf{G}(\mathbf{x},t)\mathbf{G}(\mathbf{x},t)^{\mathsf{T}}] \\
&\qquad\qquad + \mathbf{G}(\mathbf{x},t)\mathbf{G}(\mathbf{x},t)^{\mathsf{T}}\nabla_{\mathbf{x}}\log p_t(\mathbf{x})\Big]p_t(\mathbf{x})\Big\} \\
&= -\sum_{i=1}^{d} \frac{\partial}{\partial x_i}[\tilde{f}_i(\mathbf{x},t)p_t(\mathbf{x})]
\end{aligned}
$$

여기서

$$
\tilde{\mathbf{f}}(\mathbf{x},t) := \mathbf{f}(\mathbf{x},t) - \frac{1}{2}\nabla\cdot[\mathbf{G}(\mathbf{x},t)\mathbf{G}(\mathbf{x},t)^{\mathsf{T}}] - \frac{1}{2}\mathbf{G}(\mathbf{x},t)\mathbf{G}(\mathbf{x},t)^{\mathsf{T}}\nabla_{\mathbf{x}}\log p_t(\mathbf{x})
$$

가 된다. 이 식을 살펴보면 다음 콜모고로프 전진 방정식과 일치한다.

$$
\mathrm{d}\mathbf{x} = \tilde{\mathbf{f}}(\mathbf{x},t)\mathrm{d}t + \tilde{\mathbf{G}}(\mathbf{x},t)\mathrm{d}\mathbf{w}
$$

여기서 $\tilde{\mathbf{G}}(\mathbf{x},t) = 0$이다.

다시 말해서

$$
\begin{aligned}
\mathrm{d}\mathbf{x} &= \tilde{\mathbf{f}}(\mathbf{x},t)\mathrm{d}t \\
&= \left\{\mathbf{f}(\mathbf{x},t) - \frac{1}{2}\nabla\cdot[\mathbf{G}(\mathbf{x},t)\mathbf{G}(\mathbf{x},t)^{\mathsf{T}}] - \frac{1}{2}\mathbf{G}(\mathbf{x},t)\mathbf{G}(\mathbf{x},t)^{\mathsf{T}}\nabla_{\mathbf{x}}\log p_t(\mathbf{x})\right\}\mathrm{d}t
\end{aligned}
$$

이다. 또한 확산 계수 $\mathbf{G}(\mathbf{x},\ t)$가 $g(t)$와 같이 $\mathbf{x}$에 의존하지 않을 때 이 두 번째 항 ($\frac{1}{2}\nabla\cdot[\mathbf{G}(\mathbf{x},t)\mathbf{G}(\mathbf{x},t)^{\mathsf{T}}]$)은 0이 되고 식 (3.7)과 일치한다. (증명 끝)

3.6.2 확률 플로 ODE의 우도 계산

확률 플로 ODE의 우도는 변수변환 공식[19]에 의해 다음과 같이 구할 수 있다.

$$\log p_0(\mathbf{x}(0)) = \log p_T(\mathbf{x}(T)) + \int_{t=0}^{T} \nabla \cdot \tilde{\mathbf{f}}_\theta(\mathbf{x}(t), t)\mathrm{d}t$$
$$\tilde{\mathbf{f}}_\theta(\mathbf{x}(t), t) = \mathbf{f}(\mathbf{x}, t) - \frac{1}{2}g(t)^2 \nabla_{\mathbf{x}} \log p_t(\mathbf{x})$$

여기서 $\mathbf{x}(t)$는 ODE의 해이다.

많은 경우에 발산 $\nabla \cdot \tilde{\mathbf{f}}_\theta(\mathbf{x}, t)$를 계산하는 것은 계산량이 너무 많다. 이 항은 스킬링-허친슨Skilling-Hutchinson 추적 추정[20][21]이라는 몬테카를로 추정으로 효율적으로 계산할 수 있다.

$$\nabla \cdot \tilde{\mathbf{f}}_\theta(\mathbf{x}, t) = \mathbb{E}_{p(\epsilon)}[\epsilon^\mathsf{T} \nabla \tilde{\mathbf{f}}_\theta(\mathbf{x}, t)\epsilon]$$

여기서 $\nabla\tilde{\mathbf{f}}_\theta$는 $\tilde{\mathbf{f}}_\theta$의 야코비 행렬이고 ϵ은 $\mathbb{E}_{p(\epsilon)}[\epsilon] = \mathbf{0}$, $\mathrm{Cov}_{p(\epsilon)}[\epsilon] = \mathbf{I}$를 만족시키는 확률변수이다(정규분포 $\mathcal{N}(\mathbf{0},\ \mathbf{I})$으로부터의 표본을 사용하는 것이 일반적). 이 $\epsilon^\mathsf{T}\nabla\tilde{\mathbf{f}}_\theta(\mathbf{x}, t)$는 오차 역전파법을 사용해서 야코비안을 겉으로 드러내지 않고 효율적으로 계산할 수 있다. 이를 벡터 야코비안 곱vector Jacobian product, VJP이라고 한다. 그리고, 계산된 $\epsilon^\mathsf{T}\nabla\tilde{\mathbf{f}}_\theta(\mathbf{x}, t)$와 ϵ과의 내적을 계산한다.

이렇게 확률 플로 ODE는 로그 우도의 불편추정량을 효율적으로 계산할 수 있다. 한편, 우도의 불편추정량을 계산하기 위해서는 연구가 필요하다[22].

3.6.3 신호와 잡음으로 나타내는 확률 플로 ODE

지금까지 확산 모델을 연속 시간화하여 확률미분방정식을 얻고 그것과 동일한 주변 우도를 가진 상미분방정식인 확률 플로 ODE를 도출했다. 도출된 확률 플로 ODE의 계수

$\tilde{\mathbf{f}}(\mathbf{x}, t)$는 확률미분방정식의 추세 계수 $\mathbf{f}(t)$와 확산 계수 $g(t)$로 나타냈다.

한편 DDPM이나 SBM 등의 확산 과정은 식 (3.6)과 같이

$$p_{0t}(\mathbf{x}(t)|\mathbf{x}) = \mathcal{N}(s(t)\mathbf{x}, s(t)^2\sigma(t)^2\mathbf{I})$$

로 각 시간의 신호 $s(t)$와 잡음 $\sigma(t)$로 표현된다(2.4절과 잡음의 정의가 다른 것에 주의).

이 신호와 잡음을 사용한 확률 플로 ODE[8]는 다음과 같이 주어진다. 유도 설명은 부록 A.3에서 한다.

$$\mathrm{d}\mathbf{x} = \left[s'(t)\mathbf{x}/s(t) - s(t)^2\sigma'(t)\sigma(t)\nabla_{\mathbf{x}} \log p(\mathbf{x}/s(t); \sigma(t))\right] \mathrm{d}t$$

특히 $s(t) = 1$인 경우(분산 발산형 SDE)는

$$\mathrm{d}\mathbf{x} = -\sigma'(t)\sigma(t)\nabla_{\mathbf{x}} \log p(\mathbf{x}; \sigma(t))\mathrm{d}t$$

와 같이 단순한 형태로 나타낼 수 있다.

지금까지 확산 모델을 연속 시간화해서 확률미분방정식(SDE)으로 나타낼 수 있다는 것과 상미분방정식(확률 플로 ODE)으로 나타낼 수 있음을 보였다. 이렇게 하면 SDE나 ODE에서 발전한 다양한 이론 해석이나 방법을 이용할 수 있다.

3.7 확산 모델의 특징

지금까지 다양한 확산 모델을 차례로 소개했다. 여기서는 확산 모델이 생성 모델로서 어떤 특징을 가지고 있는지 알아보자.

3.7.1 기존 잠재변수 모델과의 관계

확산 모델은 잠재변수 모델이다(그림 3.3). 완전한 잡음(정규분포)으로부터 얻은 표본 $\mathbf{x}_T$로부터 시작해서 서서히 디노이징해가면서($\mathbf{x}_{T-1}$, $\mathbf{x}_{T-2}$, ...) 최종적인 표본 $\mathbf{x}_0$를 얻는다. 이 초기 잡음이나 중간 잡음이 포함된 데이터가 잠재변수이며, 최종적으로 얻어진 표본이 관측변수이다.

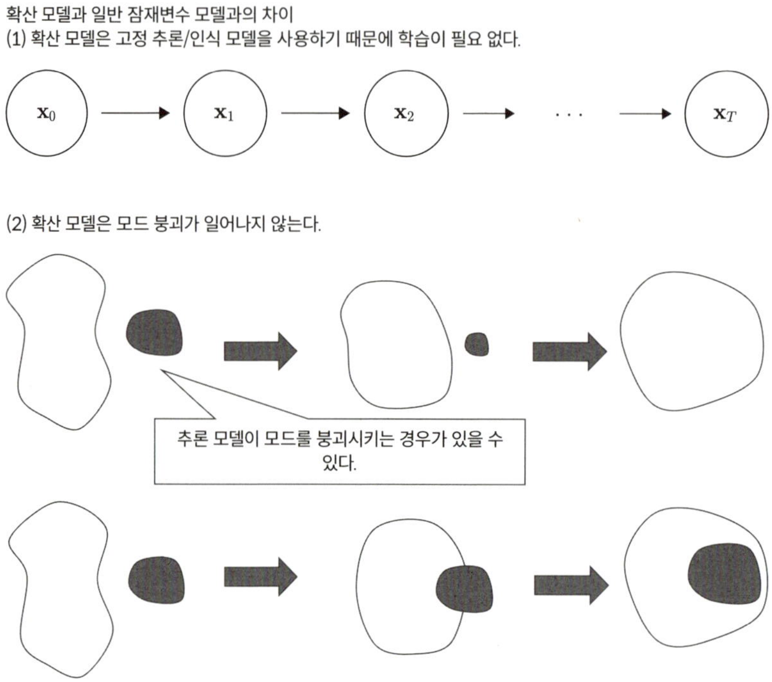

확산 모델과 일반 잠재변수 모델과의 차이
(1) 확산 모델은 고정 추론/인식 모델을 사용하기 때문에 학습이 필요 없다.
$\mathbf{x}_0$
$\mathbf{x}_1$
$\mathbf{x}_2$
· · ·
$\mathbf{x}_T$
(2) 확산 모델은 모드 붕괴가 일어나지 않는다.
추론 모델이 모드를 붕괴시키는 경우가 있을 수 있다.

그림 3.3

이런 잠재변수 모델에서는 잠재변수를 주변화해서 얻은 관측변수의 로그 우도 최대화로 학습한다. 한편 확산 모델과 기존 잠재변수 모델과의 차이점은 다음과 같다.

첫 번째로 확산 모델은 인식 모델 $q(\mathbf{x}_{1:T}|\mathbf{x}_0)$을 학습하지 않고 고정 확산 과정을 이용한다는 것이다. 기존의 변분오토인코더VAE와 같은 잠재변수 모델은 인식 모델과 생성 모델을 동시에 학습했다. 일반적으로 사후분포 $p(\mathbf{x}_{1:T}|\mathbf{x}_0)$는 우도 $p(\mathbf{x}_0|\ \mathbf{x}_{1:T})$보다 복잡해서

인식 모델의 학습은 어렵다. 이것은 생성 과정은 희소한sparse 인과관계를 바탕으로 구성되어 있지만 사후확률분포는 반드시 그렇지만은 않기 때문이다. 그래서 VAE에서는 생성 모델보다 인식 모델 쪽에 훨씬 강력한 모델을 사용해야 한다. 또한 학습 진행에 있어서 생성 모델의 변화에 맞춰 인식 모델도 동시에 변화해야 한다는 점도 학습을 어렵게 한다. 게다가 확산 모델은 최종분포 $q(\mathbf{x}_T)$가 정규분포가 된다는 보증도 있다. 하지만 기존 잠재변수 모델에서는 인식 모델이 사후분포의 모든 모드를 학습하지 못하고 일부만 학습하는 경우도 적지 않다(모드 붕괴). 이러한 상황을 사후분포붕괴posterior collapse 라고 부른다. 확산 모델에서는 이 사후분포붕괴가 발생하기 어렵다.

두 번째로 확산 모델은 여러 개의 확률층($\mathbf{x}_1$, $\mathbf{x}_2$, ..., $\mathbf{x}_T$)을 사용한 모델로 표현력을 매우 크게 할 수 있다. 확률층이 많은 모델을 직접 오차 역전파법으로 학습하려면 중간층 상태를 기억해야 하므로 계산량이나 메모리 사용량이 많아지는 문제가 있다. 하지만 확산 과정은 임의의 깊이(시간)의 상태 $\mathbf{x}_t$를 해석적으로 복원할 수 있고 또 목적함수가 시간별 디노이징의 합으로 독립이다. 따라서 확산 모델에서는 중간 확률층을 추출해서 그 층에 대한 회귀 문제(디노이징 점수 매칭)를 사용해서 학습할 수 있으므로 효율적으로 학습할 수 있다. 또 확산 모델은 모든 확률층이 같은 모델을 공유하고 있기 때문에($\epsilon(\mathbf{x}, t)$), 매개변수의 수는 확률층의 개수에 의존하지 않고 일정하다.

확산 모델은 오차 역전파법을 사용해서 학습할 수 없는 매우 큰 생성 과정을 가진 모델을 학습시킬 수 있으며 생성 능력을 대폭 개선했다고 할 수 있다.

3.7.2 확산 모델은 학습이 안정적이다

확산 모델은 기존의 생성 모델보다 학습이 안정적인데, 하나의 모델(디노이징, 잡음, 점수 중 하나를 추정)을 학습하는 것만으로 다양한 작업을 수행할 수 있다. 이에 반해 기존의 고차원 데이터 생성 모델은 학습이 불안정해지기 쉬운데, 여러 모델을 학습해야 하기 때문이다. 예를 들어 적대적 생성 모델(GAN 등)은 생성기와 분류기 두 개를 경쟁시키면서 학습하기 때문에 학습 도중에 분류기가 강해지기 쉬우며 학습은 불안정해진다. 또 변분오토인코더VAE에서는 인식기와 생성기 2개를 학습시켜야 한다. VAE의 학습은 GAN보다 안정적이지만 협조하면서 학습해야 한다. 확산 모델에서는 인식기는 고정 확산 과정을 이용하며 생성 과정에 대한 모델(디노이징 또는 추가된 잡음을 추정)은 디노이징 점수 매칭이라는 최소화 문제를 풀면 되기 때문에 안정적으로 학습할 수 있다.

학습이 안정적이기 때문에 기존보다 훨씬 큰 모델과 대량의 훈련 데이터로 학습시킬 수 있다.

3.7.3 복잡한 생성 문제를 간단한 부분 생성 문제로 분해한다

확산 모델은 복잡한 생성 문제를 간단한 부분 생성 문제로 자동 분해해서 생성이 어려운 데이터를 학습할 수 있다. 예를 들어 동영상 생성은 어려운 문제 중의 하나로 기존 VAE나 GAN으로는 훈련 데이터를 피팅fitting하는 것조차 어려웠지만 확산 모델은 동영상 생성에 성공하여 일반화도 가능해졌다.

확산 모델의 생성 과정은 데이터를 서서히 디노이징하는 과정이지만 각각의 시간에서의 디노이징 문제는 데이터 전체의 일부분을 담당하며 서서히 데이터를 생성하는 과정이다. 신경망에서 ResNet으로 복잡한 변환 문제를 한꺼번에 푸는 것이 아니라 순차적으로 간단한 부분 변환 문제로 분해하는 것처럼 확산 모델은 어려운 생성 문제를 많은 부분 생성 문제로 분해함으로써 생성 과정의 학습을 쉽게 한다.

또 어떻게 생성 과정을 분해할지는 확산 과정에 의해 자동으로 결정된다. 일반적으로 관심 있는 생성 대상 데이터는 저주파 성분이 고주파 성분보다 큰 경우가 많다.

확산 과정은 서서히 잡음이 커지는 과정이며 주파수 성분으로 보면 서서히 주파수가 높은 성분부터 파괴된다(그림 3.4). 따라서 확산 과정 전반에는 세세한 부분인 고주파 성분을 파괴하고 후반에는 데이터 전체에 대응하는 저주파 성분을 파괴한다. 생성 과정에서는 이와 반대로 저주파 성분을 먼저 생성하고 다음에 고주파 성분을 생성하도록 학습될 것으로 기대한다.

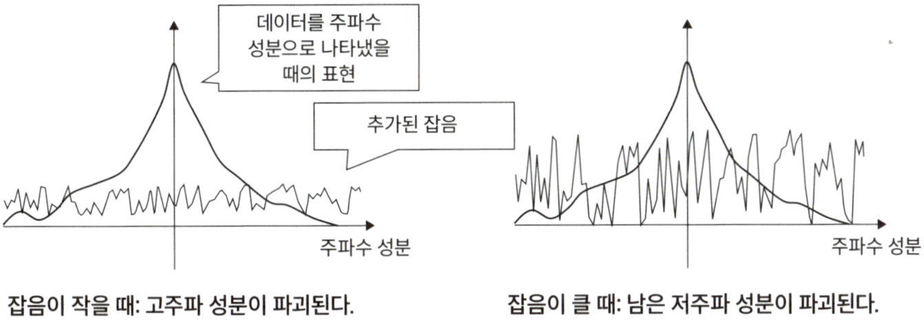

그림 3.4

또한 생성 과정 도중에 이산화 오차 혹은 모델 오차로 인해 생성에 실패하더라도 그 다음 과정에서 수정할 수도 있다. 이것을 명시적으로 도입한 것이 예측기-보정기 표본추출이며 표본추출 도중에 오차로 인해 실제 생성 과정의 궤도에서 벗어나더라도 점수를 사용해서 다시 궤도로 돌아올 수 있다.

또, 비가우스 잡음을 이용하는 확산 모델은 부록 A.7에서 설명한다.

3.7.4 다양한 조건을 조합할 수 있다

확산 모델은 학습 대상의 확률분포의 점수를 학습하고 이것을 통해 가상적으로 에너지 기반 모델을 학습한다고도 볼 수 있다. 1장에서 설명한 에너지 기반 모델의 정의를 다시 보자.

$$\begin{aligned} q_\theta(\mathbf{x}) &= \exp(-f_\theta(\mathbf{x}))/Z(\theta) \\ \nabla_{\mathbf{x}} \log q_\theta(\mathbf{x}) &= -\nabla_{\mathbf{x}} f_\theta(\mathbf{x}) \end{aligned} \quad (3.9)$$

에너지 기반 모델에는 여러 개의 에너지 기반 모델을 나중에 자유롭게 조합할 수 있는 구성성이 있다. 그래서 확산 모델도 여러 개의 모델을 나중에 자유롭게 조합할 수 있다.

예를 들어, 에너지 $f_1(\mathbf{x})$로 정의된 확률분포 $p_1(\mathbf{x}) \propto \exp(-f_1(\mathbf{x}))$를 생성하도록 학습한 점수 $\mathbf{s}_1(\mathbf{x}, t)$와 에너지 $f_2(\mathbf{x})$로 정의된 확률분포 $p_2(\mathbf{x}) \propto \exp(-f_2(\mathbf{x}))$를 생성하도

록 학습한 점수 $\mathbf{s}_2(\mathbf{x}, t)$가 있을 때, 에너지 $f_1(\mathbf{x}) + f_2(\mathbf{x})$를 따르는 확률분포 $p_{1\cap 2}(\mathbf{x}) \propto \exp(-f_1(\mathbf{x})-f_2(\mathbf{x}))$는 $\mathbf{s}_1(\mathbf{x}, t) + \mathbf{s}_2(\mathbf{x}, t)$를 사용해서 생성할 수 있다.

이 $p_{1\cap 2}(\mathbf{x})$는 두 확률의 곱 $p_1(\mathbf{x})p_2(\mathbf{x})$을 정규화한 분포로 각각의 확률분포의 특징이나 제약을 계승한 새로운 분포로 볼 수 있다[23].

또한 각 확률분포를 강조하기 위해 가중치를 추가한 분포 $p_1(\mathbf{x})^{\lambda_1}p_2(\mathbf{x})^{\lambda_2}$도 점수에 가중치를 추가한 $\lambda_1\mathbf{s}_1(\mathbf{x}, t) + \lambda_2\mathbf{s}_2(\mathbf{x}, t)$을 사용해서 생성할 수 있다.

이렇게 확률분포를 나중에 조합하거나 강조하는 크기를 바꿀 수 있는 것은 점수의 정의에 분배함수(정규화항)가 없기 때문이다.

이 구조를 사용해서 점수를 조합하여 다양한 조건을 추가하는 가이던스에 대해서는 다음 장에서 자세히 다룬다.

3.7.5 생성의 대칭성을 자연스럽게 도입할 수 있다

확산 모델은 생성 과정에서 대칭성을 모델에 포함할 수 있다. 예를 들어 화합물이나 점군을 다루는 경우는 좌표축을 잡는 방법과 관계없이 생성될 확률이 동일해야 한다. 기존에는 이러한 대칭성을 고려한 생성 모델을 설계하기 어려웠으며, 대칭성을 갖춘 전용 생성 과정이나 목적함수를 만들면 표현력이 떨어지는 문제가 있었다. 생성 모델에 대칭성을 어떻게 도입할 것인가는 오랜 과제였다.

확산 모델과 같이 생성 과정이 여러 개의 변환으로 구성되고 모든 변환이 동변성(4.5절에서 자세히 정의)을 가지도록 설계된 경우에, 그 변환에 의해 생성되는 데이터는 대칭성을 가질 수 있다. 확산 모델의 경우에는 디노이징 함수에 동변성을 갖춘 모델을 사용해서 생성 과정에서 대칭성을 포함할 수 있다. 이것에 대해서는 다음 장에서 설명한다.

지금까지 확산 모델의 특징을 살펴보았지만, 한편으로 확산 모델에는 다음과 같은 과제가 있다.

3.7.6 표본을 추출할 때 스텝 수가 많아 생성 속도가 느리다

확산 모델의 가장 큰 문제는 생성에 많은 스텝이 필요하다는 것이며 스텝 수를 적게 하면 표본의 품질이 급격히 떨어진다는 것이다. 또한 각 스텝에서 디노이징을 하는 신경망에 의해 평가해야 한다. 초기의 확산 모델에서는 수천 스텝이 필요했지만 다양한 개량에 의해 현재는 수십 스텝으로 생성할 수 있게 되었고 조건부 생성의 경우에는 수십 스텝에서 수 스텝으로 높은 품질의 표본을 생성할 수 있게 되었다. 또한 다음 장에서 다루겠지만 직접 데이터 공간이 아닌 그것을 요약한 특징 공간 등에서 확산 모델을 정의함으로써 고속으로 생성할 수 있다. 그러나 변분오토인코더나 적대적 생성 모델 등은 신경망을 이용한 한 번의 평가로 생성할 수 있으므로 그와 비교하면 확산 모델의 생성은 아직 몇 배에서 수십 배 느리다.

3.7.7 확산 모델로 어떻게 일반화할 수 있는지에 대한 이해가 미해결

확산 모델에서 유한 개의 훈련 데이터로부터 생성 모델을 학습하여 훈련 데이터 이외의 다양한 표본이 왜 생성되는지에 대한 이해가 아직 미흡하다. 데이터 분포를 최대우도추정한 경우에 각 데이터에서의 확률밀도가 무한대이고 그 외에는 0인 혼합 델타 분포가 최적 분포가 되지만 이 분포는 훈련 데이터밖에 표본을 추출할 수 없는 분포로 관심의 대상이 아니다. 한편 확산 모델에 의해 생성되는 데이터는 다양성이 있고 훈련 데이터에 존재하지 않는 데이터를 생성할 수 있으며 각각이 훈련 데이터가 가진 특성이나 제약을 매우 충실하게 따르는 표본을 생성할 수 있다.

확산 모델은 점수를 학습하지만, 이 점수를 학습할 때 어떻게 일반화가 되고 있는 지 이해해야 한다. 또 신경망의 구조나 학습(확률적경사강하법)이 만들어내는 일반화 능력도 크게 공헌하고 있다고 생각할 수 있다. 이러한 일반화의 구조에 대한 이해는 이제부터이다.

요약

이 장에서는 연속 시간화된 확산 모델은 확률미분방정식SDE으로 표현할 수 있으며 이 확률미분방정식을 역방향으로 하는 경우에는 점수를 사용한 다른 확률미분방정식으로 표현되는 것을 살펴보았다. 이 확률미분방정식을 사용해서 잡음으로부터 데이터를 생성하는 생성 과정을 정의할 수 있다.

이에 더해, 확률미분방정식의 주변 우도와 일치하는 상미분방정식ODE인 확률 플로 ODE를 도출했다. 이 경우에 잡음과 표본은 점수를 사용해서 결정론적 과정으로 상호변환할 수 있다. 또한 로그 우도의 불편추정량을 계산할 수도 있다.

마지막으로 확산 모델의 특징을 정리했다. 확산 모델은 고정된 인식 모델을 사용하고, 복잡한 생성 과정을 간단한 생성 과정의 조합으로 자동 분해하여 이를 독립적으로 학습할 수 있음을 보여주었다. 또 여러 개의 모델을 조합할 수 있는 것도 보였다.

CHAPTER 4

확산 모델의 발전

이 장에서는 확산 발전의 발전을 소개한다. 첫 번째는 조건부 생성이다. 실제 사례에서는 조건부 생성으로 사용하는 경우가 대부분이다. 두 번째는 데이터 공간이 아니라 그 부분공간으로 확산해가는 부분공간 확산 모델이다. 세 번째는 대칭성을 고려한 확산 모델이다.

4.1 조건부 생성에서의 점수

먼저 조건부 생성에 대해서 알아보자. 확산 모델을 실제로 사용할 때에 조건부 생성으로 사용하는 것이 일반적이다. 사용자는 조건을 통해 문제를 입력하거나 제약을 줄 수 있다. 확산 모델은 다른 모델과 달리 조건을 나중에 추가할 수 있다는 장점이 있다.

구체적인 문제 설정으로 들어가면 입력 $\mathbf{x}$와 더불어 조건 $y \in Y$가 주어지고 $p(\mathbf{x})$가 아닌 $p(\mathbf{x}|y)$에 따라 데이터를 추출하고 싶은 경우를 생각해보자. 예를 들면 텍스트를 조건으로 그 조건에 대응하는 이미지를 생성하거나 저해상도의 이미지를 조건으로 그 조건에 대응하는 고해상도의 이미지를 생성하는 초해상 등을 생각할 수 있다.

조건이 없는 생성이 각 시간 t에서의 점수 $\nabla_{\mathrm{x}} \log p_t(\mathbf{x})$만 있으면 생성할 수 있었던 것과 마찬가지로 조건부 생성도 조건부확률 점수 $\nabla_{\mathrm{x}} \log p_t(\mathbf{x}|y)$만 있으면 조건부 생성을 할 수

있다. 이 $\nabla_x \log p_t(\mathbf{x}|y)$를 조건부 점수라고 한다. 이제부터 간단하게 설명하기 위해 점수가 시간 t에 의존한다는 말은 생략한다. 하지만 학습할 때는 중요하기 때문에 4.2절에서 다시 한번 시간 t에 대한 의존에 대해 언급한다.

조건부 생성은 조건을 여러 가지로 바꾸면서 생성하는 것이 일반적이다. 그래서 조건별로 점수를 다시 학습하는 것이 아니라 동일한 모델을 사용해서 다양한 조건에 대응할 수 있게 하는 것이 바람직하다.

일반적으로 조건부확률은 베이즈 정리를 이용해서 다음과 같이 변형할 수 있다.

$$p(\mathbf{x}|y) = \frac{p(y|\mathbf{x})p(\mathbf{x})}{p(y)}$$

이 형태를 이용하면 조건부확률의 로그 우도와 점수는 각각 다음과 같이 주어진다.

$$\log p(\mathbf{x}|y) = \log p(y|\mathbf{x}) + \log p(\mathbf{x}) - \log p(y)$$
$$\nabla_{\mathbf{x}} \log p(\mathbf{x}|y) = \nabla_{\mathbf{x}} \log p(y|\mathbf{x}) + \nabla_{\mathbf{x}} \log p(\mathbf{x})$$

여기서 $\nabla_x \log p(y) = 0$을 이용했다.

이렇게 조건부 점수는 분류 모델 $\log p(y|\mathbf{x})$의 기울기와 조건이 없을 때의 확률 $\log p(\mathbf{x})$의 기울기의 합으로 나타난다.

4.2 분류기 가이던스

분류기 가이던스Classifier Guidance[24]는 분류 모델 $p(y|\mathbf{x})$를 학습하고 얻어진 분류 모델의 입력에 대한 기울기를 구한다. 이 경우에 조건 부분에 다음과 같이 가중치 γ를 추가한다.

$$\nabla_{\mathbf{x}} \log p_\gamma(\mathbf{x}|y) = \gamma \nabla_{\mathbf{x}} \log p(y|\mathbf{x}) + \nabla_{\mathbf{x}} \log p(\mathbf{x}) \quad (4.1)$$

$\gamma > 0$는 가이던스 스케일로 $\gamma = 1$일 때는 원래의 조건부확률과 같지만 $\gamma > 1$일 때는 조건을 강조하는 작용을 한다. 가이던스 스케일이 붙으면 생성되는 분포는 다음과 같이 조건부의 $p(y|\mathbf{x})$에 지수가 붙은 분포로 볼 수 있다.

$$p_\gamma(\mathbf{x}|y) \propto p(\mathbf{x})p(y|\mathbf{x})^\gamma$$

여기서 γ는 역온도로 볼 수 있으며 γ를 크게 하면 각 표본은 그 조건에 맞는 표본이 출력된다. 예를 들면, '개'라는 조건으로 이미지를 생성할 때 γ를 크게 하면, 좀 더 개다운 개로 분류될 것 같은 이미지만 생성된다. 이 경우에는 생성 이미지의 다양성은 사라지지만 정확성은 향상된다. 반대로 $\gamma < 1$일 때는 다양성을 중시하는 분포에 대응한다. 많은 실제 응용에서는 다양성보다 정확성을 중시하므로 $\gamma > 1$를 사용한다.

이 분류기 가이던스는 효과적이지만 실제로 사용할 때에 두 가지 문제가 있다.

첫 번째는 확산 모델에서 이용하는 경우는 다른 잡음 레벨(시간)의 점수 $\nabla_\mathbf{x} \log p_t(y|\mathbf{x})$가 필요하다는 것이다. 따라서 일반적으로 학습한 분류기를 그대로 사용할 수 없고 다른 잡음 레벨의 입력 $\tilde{\mathbf{x}}$를 이용한 분류기 $p_t(y|\tilde{\mathbf{x}})$를 학습해야 한다.

두 번째는 입력 $\mathbf{x}$의 대부분 정보가 y와는 관계가 없는 경우에 $p(y|\mathbf{x})$의 $\mathbf{x}$에 대해 미분하면 종종 실제 y와는 관계없는 입력 변화에 반응하게 된다. 이것은 적대적 섭동 등에서 볼 수 있는 문제와도 같은 것으로 조건부 생성의 품질이 떨어진다.

4.3 분류기를 사용하지 않는 가이던스

이런 분류기 가이던스의 문제점을 해결하는 방법으로서 분류기를 사용하지 않는 가이던스Classifier-Free Guidance[25]가 제안되었다(그림 4.1). 분류기를 사용하지 않는 가이던스는 분류기를 사용하지 않고 조건 점수 $\nabla_\mathbf{x} \log p_t(\mathbf{x}|y)$를 직접 학습한다. 조건 점수에 모든 조건에서 동일한 모델을 사용하고 입력 $\mathbf{x}$와 조건 y를 받아 그때의 점수를 출력한다. 또 일정 확률(10~20%)로 조건 y를 조건이 없는 것을 의미하는 특별한 입력 $y = \varnothing$로 치환

해서 학습한다. 입력이나 특징량을 일정 확률로 0으로 학습하는 드롭아웃이 정규화 방법으로 알려졌지만, 분류기를 사용하지 않는 가이던스에서는 조건을 일정 확률로 하여 학습한다.

학습할 때에 일정 확률로 조건이 없다는 것을 의미하는 입력 ∅로 조건을 드롭아웃한다.

$\nabla_\mathbf{x} \log p_\gamma(\mathbf{x}|y) = \gamma \nabla_\mathbf{x} \log p(\mathbf{x}|y) + (1-\gamma) \nabla_\mathbf{x} \log p(\mathbf{x})$

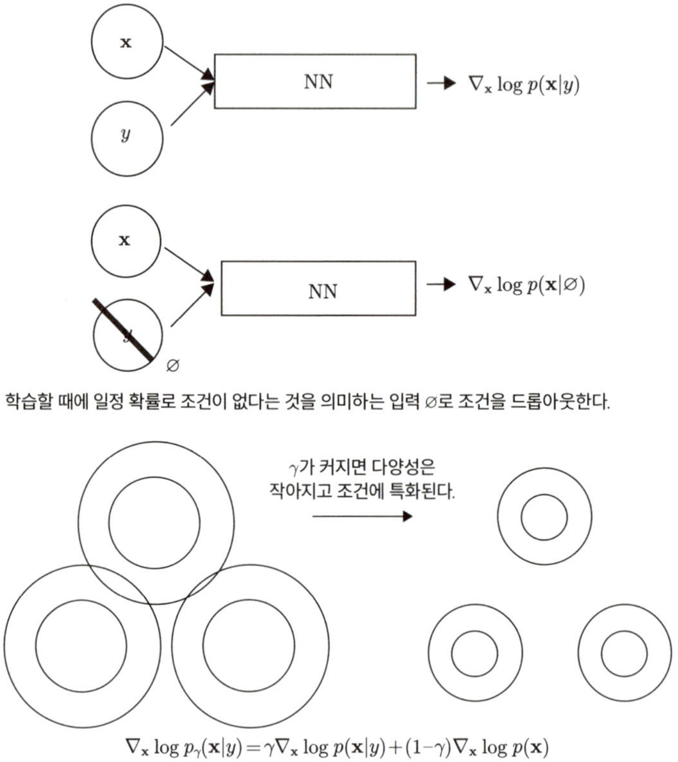

분류기를 사용하지 않는 가이던스는 하나의 신경망으로 온도가 조건으로 붙는 분포를 구현할 수 있다.

그림 4.1

이 조건이 아무것도 없다는 것을 나타내는 ∅에는 학습한 임베딩 벡터를 사용하거나 조건이 연속된 값을 가지는 벡터인 경우는 제로벡터 ∅ = 0을 이용한다.

드롭아웃이 어떤 역할을 하는지 보기 위해 분류 확률 $p(y|\mathbf{x})$를 다시 베이즈 공식으로 변환하면 다음과 같다.

$$
\begin{aligned}
p(y|\mathbf{x}) &= \frac{p(\mathbf{x}|y)p(y)}{p(\mathbf{x})} \\
\log p(y|\mathbf{x}) &= \log p(\mathbf{x}|y) + \log p(y) - \log p(\mathbf{x}) \\
\nabla_{\mathbf{x}} \log p(y|\mathbf{x}) &= \nabla_{\mathbf{x}} \log p(\mathbf{x}|y) - \nabla_{\mathbf{x}} \log p(\mathbf{x}) \quad (\nabla_{\mathbf{x}} \log p(y) = 0\text{으로부터})
\end{aligned}
$$

이 식을 앞의 분류기 가이던스(식 (4.1))에 대입하면

$$
\begin{aligned}
&\nabla_{\mathbf{x}} \log p_{\gamma}(\mathbf{x}|y) \\
&\quad = \gamma \nabla_{\mathbf{x}} \log p(y|\mathbf{x}) + \nabla_{\mathbf{x}} \log p(\mathbf{x}) \\
&\quad = \gamma (\nabla_{\mathbf{x}} \log p(\mathbf{x}|y) - \nabla_{\mathbf{x}} \log p(\mathbf{x})) + \nabla_{\mathbf{x}} \log p(\mathbf{x}) \\
&\quad = \gamma \nabla_{\mathbf{x}} \log p(\mathbf{x}|y) + (1-\gamma) \nabla_{\mathbf{x}} \log p(\mathbf{x})
\end{aligned}
$$

가 된다. 즉 조건부 점수 $\nabla_{\mathrm{x}} \log p(\mathbf{x}|y)$와 조건이 없는 점수 $\nabla_{\mathrm{x}} \log p(\mathbf{x})$를 γ의 가중치의 합으로 나타낸다고 볼 수 있다. 조건 없는 점수 $\nabla_{\mathrm{x}} \log p(\mathbf{x})$는 조건부를 $\varnothing$로 치환한 모델로 추정한다.

흥미로운 것은 γ가 1보다 커지는 경우이다. 이 경우 $1-\gamma < 0$이기 때문에 조건 없는 점수 $\nabla_{\mathrm{x}} \log p(\mathbf{x})$의 계수는 마이너스가 된다. 즉 이때의 점수는 조건으로 생성되는 표본의 방향으로 향하면서 조건 없는, 즉 평균적인 표본에서는 오히려 멀어지는 방향을 향하게 된다.

분류기를 사용하지 않는 가이던스는 분류기 가이던스 문제를 해결할 수 있다. 다양한 잡음 수준에서 분류기를 조건 없는 점수와 따로 학습할 필요가 없고 일반적인 학습에서 조건을 일정 확률로 드롭아웃시키기만 하면 된다. 그래서 학습을 크게 단순화할 수 있다. 또, 조건부 점수와 조건 없는 점수의 학습을 공유화해서 실제로 관계없는 y와 $\mathbf{x}$의 관계를 발견할 가능성을 줄일 수 있으므로 생성 품질을 대폭 개선할 수 있다.

이런 조건부는 FiLM이라 불리는 특징 벡터에 대해 아핀 변환의 계수나 편향을 조건으로 주거나 어텐션 메커니즘(Transformer)으로 구현하는 것이 일반적이다. 또한 이미지

를 조건으로 이미지를 생성하는 것처럼 조건이 원래 데이터와 동일한 차원 수를 가질 때는 입력의 특징 차원 방향에 조건을 연결하여 조건을 추가해줄 수도 있다.

4.4 부분공간 확산 모델

확산 모델은 입력 데이터와 같은 공간상에서 확산해서 완전한 잡음이 되어도 입력 데이터의 차원 수와 동일한 차원 수를 가진다. 확산 과정에서 입력 차원 수가 변하지 않는 것에는 3가지 문제점이 있다.

첫 번째 문제점은 고차원의 점수 함수를 학습해야 한다는 것이다. 고차원 데이터는 사람이 가진 직관과 달리 압도적으로 넓으므로 유한 개의 훈련 데이터로 학습하기는 어렵다. 잡음을 추가해서 데이터 분포에서 떨어진 영역의 점수 함수도 학습할 수 있도록 연구되었으나, 그래도 데이터 분포에서 멀리 떨어진 영역의 점수의 학습은 표본 수가 적다는 등의 이유로 어렵다. 또한 생성 과정에서 학습하지 않은 영역을 통과할 때 부정확한 점수를 사용하기 때문에 생성 품질이 떨어지거나 생성이 수렴되지 않는 문제가 나타난다.

두 번째 문제점은 계산량이 크다는 것이다. 확산 모델에서는 생성 과정에서 수십 번에서 수천 번의 점수의 평가가 필요하다. 그리고 이 점수를 계산할 때 필요한 계산량은 거의 데이터의 차원 수에 비례한다. 합성곱 신경망convolutional neural network, CNN과 같은 인식 모델은 입력 이미지를 저해상도 특징 맵으로 변환한 후에 대부분의 처리를 하므로 계산량을 억제할 수 있지만 확산 모델은 고차원의 입출력을 다뤄야 하므로 계산량이 커진다.

세 번째 문제점은 차원 수가 변하지 않는다면 잡음일지라도 데이터를 요약한 추상화된 표현을 얻을 수 없다는 것이다. VAE나 GAN의 잠재변수는 데이터보다 훨씬 작은 차원 수로 데이터를 요약한 표현을 이용할 수 있지만 확산 모델의 잠재변수는 데이터와 동일한 상세 정보를 모두 가지고 있다. 추상화된 표현을 사용하면 다양한 과제에 적용할 수 있는 일반화된 모델을 학습할 수 있지만 확산 모델에서는 이런 표현을 얻을 수 없다.

이런 문제를 해결하기 위한 한 가지 방법으로 입력공간을 잠재공간으로 변환하는 인코더와 잠재공간을 입력공간으로 변환하는 디코더를 가진 오토인코더를 미리 학습해두고 차원 수가 적어진 잠재공간상에서 확산 모델을 학습시키는 접근이 있다. 잠재공간상에서 생성된 변수는 디코더를 사용해서 원래의 입력공간으로 변환할 수 있다. 예를 들어 Stable Diffusion[26] 등은 이 방법을 사용해서 계산량이나 사용 메모리양을 크게 줄이는 데 성공했다.

여기에서는 또 하나의 접근 방법인 부분공간 확산 모델[27]에 대해서 자세하게 알아보자. 부분공간 확산 모델은 오토인코더를 사용한 모델에 비해서 원래의 입력공간에서의 확률 모델을 모순 없이 정의할 수 있고 차원 압축 방법을 확산 모델 내에서 통일적으로 다룰 수 있다는 장점이 있다. 또한 오토인코더를 사용한 접근은 차원 수가 변하는 변환을 다루기 때문에 우도를 계산할 수 없지만 부분공간 확산 모델은 다루는 차원 수가 바뀌어도 우도를 계산할 수 있다. 여기에 대해서 살펴보자.

이 세상의 많은 데이터 분포는 다양체 가설에 따라 선형 부분공간으로 근사할 수 있다. 이런 데이터 분포는 등방성 정규분포를 사용해서 확산할 때 데이터가 존재하는 부분공간과 직교하는 부분공간은 데이터가 존재하는 부분공간에 비해 훨씬 빠르게 정규분포에 가까워진다고 생각할 수 있다.

여기서 초기에는 모든 차원을 사용한 확산/역확산 모델을 학습하지만, 잡음이 커진 후에는 아직 충분히 확산되지 않은 비정규분포인 부분공간으로 좁혀나가 그 부분공간만을 확산 모델로 모델링하는 방법이 부분공간 확산 모델이다.

여기에서는 연속 시간 $0 \leq t \leq T$에서 다음과 같은 확률미분방정식으로 나타나는 확산 과정을 생각해보자.

$$\mathrm{d}\mathbf{x} = \mathbf{f}(\mathbf{x}, t)\mathrm{d}t + \mathbf{G}(\mathbf{x}, t)\mathrm{d}\mathbf{w}$$

확산 과정 $(0, T)$을 $K + 1$개의 부분 기간 (t_0, t_1), ..., (t_K, t_{K+1})로 분할하고 $t_0 = 0$, t_{k+1}

$= T$로 한다. 그리고 확산 계수를 각 기간 $t_k < t < t_{k+1}$에서 다음과 같이 정의한다.

$$\mathbf{G}(\mathbf{x}, t) = g(t)\mathbf{U}_k\mathbf{U}_k^{\mathsf{T}}$$

여기서 $\mathbf{U}_k \in \mathbb{R}^{d \times n_k}$는 $\mathbb{R}^d$의 부분공간을 구성하는 $n_k \leq d$개의 정규 직교 열을 가진 행렬이다. 이 부분공간을 k번째 부분공간이라고 하며 이 열을 $\mathbf{U}_k$의 기저라고 한다. 또 $\mathbf{U}_0 = \mathbf{I}_d$이다. 이 부분공간이 서서히 작아지도록 $d = n_0 > n_1 > \dots > n_K$로 설정한다.

또한 $j < k$일 때 k번째 부분공간은 j번째 부분공간의 부분공간이며 $\mathbf{U}_j\mathbf{U}_j^{\mathsf{T}}\mathbf{U}_k = \mathbf{U}_k$가 성립하도록 한다. 이렇게 확산할 공간은 데이터 공간 전체에서 점차 서서히 부분공간으로 좁혀진다.

여기서 원래의 데이터 공간의 데이터 $\mathbf{x}$에 대해서 $\mathbf{U}_k^{\mathsf{T}}\mathbf{x} \in \mathbb{R}^{n_k}$는 $\mathbf{x}$를 k번째 부분공간으로 변환한 결과이며 $\mathbf{U}_k\mathbf{U}_k^{\mathsf{T}}\mathbf{x} \in \mathbb{R}^d$는 다시 그것을 원래의 데이터 공간으로 되돌리는 조작이다. 이때 부분공간에 포함되지 않는 정보는 사라진다.

이 경우의 추세 계수는 다음과 같다.

$$\mathbf{f}(\mathbf{x}, t) = f(t)\mathbf{x} + \sum_{k=1}^{K} \delta(t - t_k)(\mathbf{U}_k\mathbf{U}_k^{\mathsf{T}} - \mathbf{I}_d)\mathbf{x}$$

여기서 δ은 델타함수이다. 이 추세 계수는 입력 $\mathbf{x}$가 시간 t_k가 되는 순간에 k번째 부분공간으로 사영된다는 것을 나타낸다.

$\mathbf{U}_k$를 어떻게 정의할지는 문제에 의존한다. 예를 들면 이미지 데이터를 다루는 경우는 2×2의 평균 풀링을 적용한 결과에 2를 곱한 것을 $\mathbf{U}_k$로 한다.

4.4.1 부분공간 확산 모델의 학습

학습할 때는 각 시간 t의 점수 $\nabla_{\mathbf{x}} \log p_t(\mathbf{x})$를 추정한다. 그러나 $p_t(\mathbf{x})$, $t_k < t < t_{k+1}$은 k번째 부분공간밖에 서포트가 없다($p_t(\mathbf{x}) > 0$가 되는 영역을 p_t의 서포트라고 한다). 따

라서 점수 함수를 학습할 때에는 그 부분공간의 차원 수 n_k만 모델링하고 나머지 차원은 모델링할 필요가 없다. 더욱이 부분공간의 성분 $\mathbf{x}_k$는 원래 데이터의 SDE와 동일하게 확산한다.

여기서 $\mathbf{x}_k = \mathbf{U}_k^\mathsf{T}\mathbf{x} \in \mathbb{R}^{n_k}$을 k번째 부분공간에서의 데이터로 한다.

간단하게 하기 위해 $K = 1$로 하고 부분공간이 1개밖에 없는 경우를 생각해보자. 이때 부분공간에서의 $\mathrm{d}\mathbf{x}_1$은 $\mathrm{d}\mathbf{x}_1 = \mathbf{U}_1^\mathsf{T}\mathrm{d}\mathbf{x}$가 성립하기 때문에

$$\begin{aligned}\mathrm{d}\mathbf{x}_1 &= \mathbf{U}_1^\mathsf{T}\mathrm{d}\mathbf{x}\\ &= f(t)\mathbf{U}_1^\mathsf{T}\mathbf{x}\mathrm{d}t + \delta(t-t_1)\mathbf{U}_1^\mathsf{T}(\mathbf{U}_1\mathbf{U}_1^\mathsf{T} - \mathbf{I}_d)\mathbf{x}\mathrm{d}t\\ &\quad + g(t)(\mathbf{U}_1^\mathsf{T}(\mathbb{1}_{t<t_1}\mathbf{I}_d + \mathbb{1}_{t>t_1}\mathbf{U}_1\mathbf{U}_1^\mathsf{T}))\mathrm{d}\mathbf{w}\end{aligned}$$

가 된다. $g(t)$의 뒷부분은 번잡하지만, 이것은 단지 시간 t_1보다 이전이라면 $g(t)\mathbf{U}_1^\mathsf{T}\mathrm{d}\mathbf{w}$, 이후라면 $g(t)\mathbf{U}_1^\mathsf{T}\mathbf{U}_1\mathbf{U}_1^\mathsf{T}\mathrm{d}\mathbf{w}$임을 나타낸다.

여기서 $\mathbf{U}_1^\mathsf{T}\mathbf{U}_1 = \mathbf{I}_d$를 사용하면 다음과 같이 간단하게 된다.

$$\begin{aligned}\mathrm{d}\mathbf{x}_1 &= f(t)\mathbf{U}_1^\mathsf{T}\mathbf{x}\mathrm{d}t + g(t)\mathbf{U}_1^\mathsf{T}\mathrm{d}\mathbf{w}\\ &= f(t)\mathbf{x}_1\mathrm{d}t + g(t)\mathrm{d}\mathbf{w}_1\end{aligned}$$

여기서는 $\mathbf{U}_1$의 열이 정규직교이며 $\mathrm{d}\mathbf{w}_1 := \mathbf{U}_1^\mathsf{T}\mathrm{d}\mathbf{w}$가 $\mathbb{R}^{n_1}$의 브라운 확산인 것을 이용했다. 이렇게 하면 부분공간에서의 확산 $p(\mathbf{x}_1(t)|\mathbf{x}_1(0))$는 원래 공간에서의 확산과 같은 형태가 된다.

이렇게 한 부분공간에서의 점수는 $\mathbf{x}_1$을 대상으로 하는 디노이징 점수 매칭으로 학습할 수 있으며 이 경우에 정보 손실은 없다.

이렇게 해서 공간 전체와 완전히 같은 틀을 사용해서 점수 함수를 학습할 수 있고 각 기간 k에서의 점수 $\mathbf{s}_k(\mathbf{x}_k, t) \approx \nabla_\mathbf{x}\log p(\mathbf{x}_k, t)$를 학습할 수 있다.

4.4.2 부분공간 확산 모델의 표본추출

표본을 생성할 때는 각 기간 $(t_k,\ t_{k+1})$에 대응하는 점수 모델 $\mathbf{s}_k(\mathbf{x}_k,\ t)$를 이용해서 반대 방향으로 돌아오면 된다. 그러나 경계 시간 t_k에서 확산할 때에는 부분공간에 사영했던 부분을 반대 방향으로 되돌릴 수는 없다.

그래서 k번째 부분공간에 직교하는 공간 $\mathbf{x}^{\perp}_{k|k-1}$은 정규분포를 따르는 잡음을 주입해서 $\mathbf{x}_k(t_k)$로부터 $\mathbf{x}_{k-1}(t_k)$를 만들어낸다(그림 4.2).

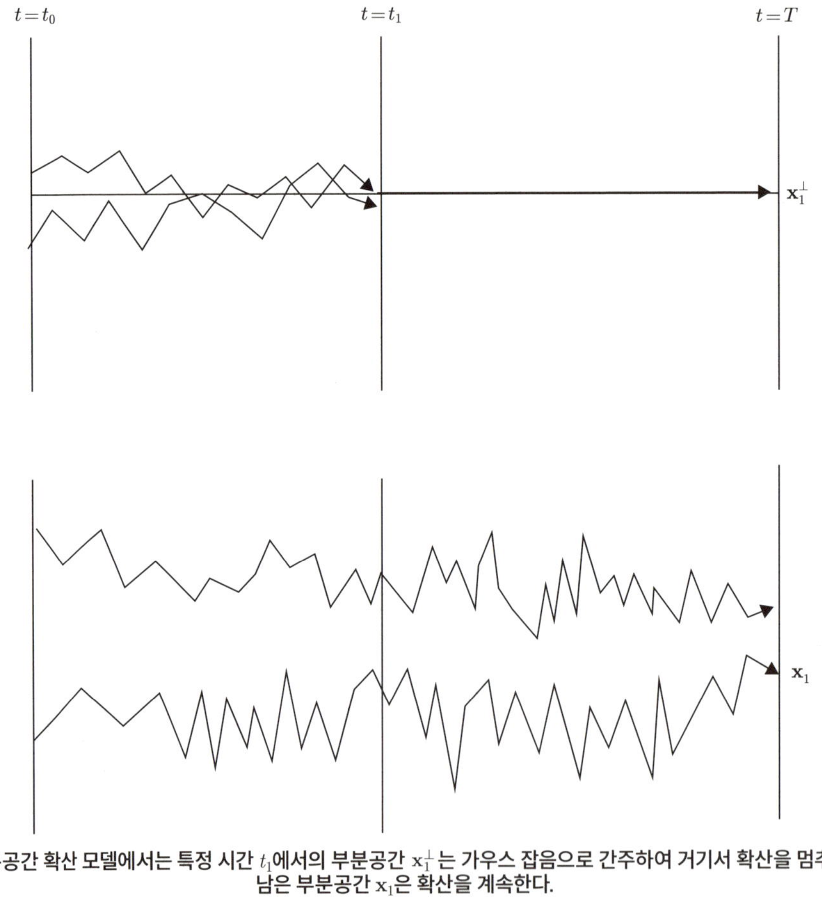

부분공간 확산 모델에서는 특정 시간 t_1에서의 부분공간 $\mathbf{x}^{\perp}_1$는 가우스 잡음으로 간주하여 거기서 확산을 멈추고 남은 부분공간 $\mathbf{x}_1$은 확산을 계속한다.

그림 4.2

이 잡음의 분산 $\Sigma^{\perp}_{k|k-1}$은 시간 t_k의 주변 분산 $\mathbf{x}^{\perp}_{k|k-1}$과 일치시킨다. 이것은 데이터의 분산 $\mathbf{x}^{\perp}_{k|k-1}$과 확산 커널 분산의 합으로 나타나며 다음과 같다.

$$\Sigma^{\perp}_{k|k-1}(t_k) := \frac{\alpha(t_k)^2}{n_{k-1}-n_k}\mathbb{E}\left[\|\mathbf{x}^{\perp}_{k|k-1}(0)\|^2\right] + \sigma(t_k)^2$$

여기서 $\alpha(t)$와 $\sigma(t)^2$은 각각 확산 커널의 스케일과 분산이다.

이렇게 표본을 추출하는 것은 실제의 근사 과정이다. 그러나 부분공간에 사영할 때 직교 공간의 성분이 작아지도록 부분공간을 설정한다면 부분공간이 정규분포로 잘 근사될 것으로 기대된다. 또한 사영한 후에 랑주뱅 몬테카를로 방법으로 여러 차례 섭동시키면 잡음 추가에 의한 근사 완화가 가능하다.

4.5 대칭성을 고려한 확산 모델

대칭성은 세상의 많은 현상이나 데이터에서 볼 수 있다. 대칭성은 강력한 사전 지식이자 귀납적 편향이며 대칭성을 고려한 모델을 사용하면 학습 효율을 크게 개선하고 일반화 성능을 개선할 수 있다.

확산 모델은 처음으로 확장 가능한 대칭성을 고려한 생성 모델을 구현했다. 이 절에서는 대칭성이란 무엇인지, 대칭성을 고려한 생성 모델이 왜 중요한지, 확산 모델을 사용해서 어떻게 대칭성을 고려한 생성 모델을 구현하는지에 알아본다.

4.5.1 기하와 대칭성

먼저 기하와 대칭성에 대해서 알아보자.

기하란 여러 종류의 변환에 대한 불변성을 연구하는 분야이다. 예를 들어 평행한 선을 병진하거나 회전하더라도 평행한 그대로이다. 세상의 많은 문제는 이런 불변성을 가지고 있다.

또 대칭성이란 어떤 특정 대상에 어떤 조작을 적용해도 변하지 않는 성질을 말한다. 예를 들어 이미지 분류라면 이미지의 병진이동에 대한 분류 결과는 불변이고 화합물이라면 화합물의 회전(좌표축을 잡는 방법)에 대해서 그 물성은 불변이며, 또 점군 데이터는 그것을 계산기상에서 나타낼 때 점의 순서가 바뀌더라도 그 점들이 나타내는 정보는 변하지 않는다. 또 고전역학에서 동역학은 시간이 순방향으로 진행되는 경우와 역방향으로 진행될 때 같은 법칙이 성립한다는 것이 불변성이다.

이런 불변성을 이용하면 효율적으로 학습할 수 있다. 예를 들어 최근 딥러닝이 성공한 원인으로 기하나 불변성을 고려했다는 점을 들 수 있다. 합성곱 신경망CNN은 병진이동 불변성, 순환 신경망recurrent neural network, RNN은 시간 이동 불변성, LSTM이나 GRU는 시간 신축에 관한 불변성, 그래프 신경망graph neural network이나 트랜스포머transformer는 집합 데이터 요소의 치환 동변성equivariance을 고려할 수 있다.

대칭성을 정의하기 위해서 기계학습의 함수 f의 입력으로는 영역 Ω상에서 정의되는 신호 $x(u)$를 입력으로 받는다고 하자. 이 신호는 영역 Ω의 요소 $u \in \Omega$를 인수로 받고 그 때의 값 $x(u)$를 출력하는 함수 $x : \Omega \to \mathcal{C}$다.

예를 들면 이미지의 경우에는 $n \times n$의 격자상에서 RGB값의 3차원 벡터로 정의된다. 이 경우 신호는 $\Omega = \mathbb{Z}_n \times \mathbb{Z}_n$에서 RGB값 $\mathbb{R}^3$으로의 함수로 정의된다. 또 신호에 적용하는 조작을 $\mathfrak{g}$라고 하자. 예를 들어 입력 이미지 x를 $\mathfrak{g}$만큼 병진이동 후 함수 f를 적용한 결과는 $f(\mathfrak{g}(x))$로 나타낸다. 또 화합물과 같이 입력 좌표 x를 회전 $\mathfrak{g}$만큼 회전한 후에 함수 f를 적용한 결과도 $f(\mathfrak{g}(x))$로 나타낸다.

이때 함수 f가 조작 $\mathfrak{g}$에 대해 불변이라면 다음이 성립한다(그림 4.3).

$$f(\mathfrak{g}(x)) = f(x)$$

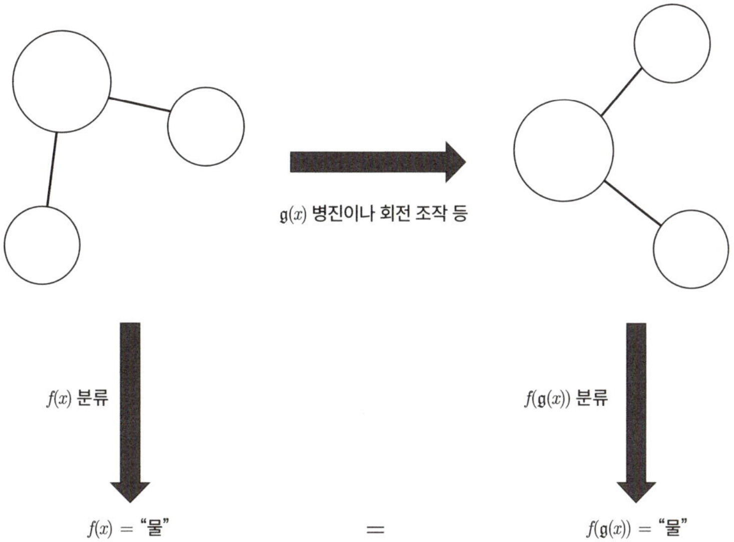

$f(\mathfrak{g}(x)) = f(x)$가 항상 성립할 때 함수 f는 조작 $\mathfrak{g}$에 대해 불변이라고 한다.

그림 4.3

또, 함수 f가 조작 $\mathfrak{g}$에 대해 동변이라면 다음이 성립한다(그림 4.4).

$$f(\mathfrak{g}(x)) = \rho(\mathfrak{g})(f(x))$$

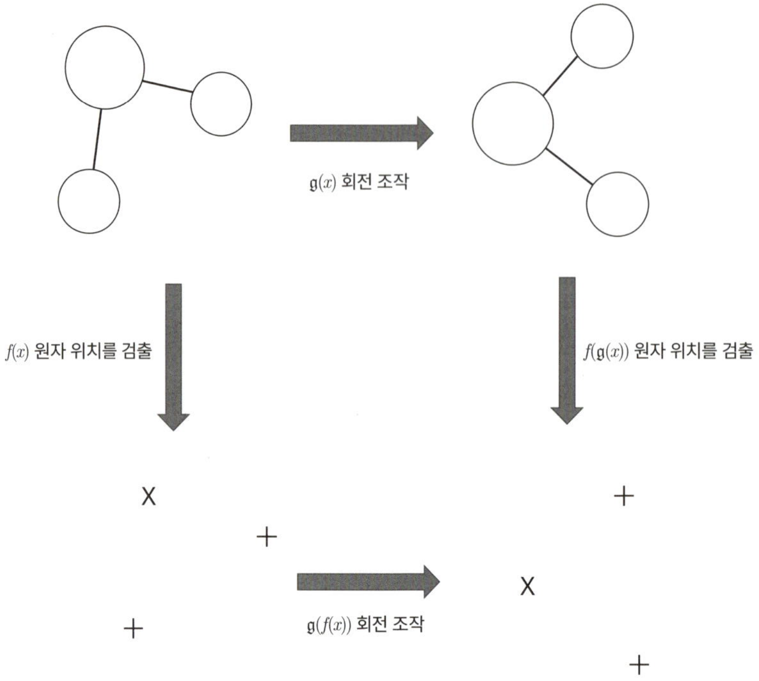

$f(\mathfrak{g}(x)) = \rho(\mathfrak{g})(f(x))$가 항상 성립할 때 함수 f는 조작 $\mathfrak{g}$에 대해 동변이라고 한다(여기서는 $\rho(\mathfrak{g}) = \mathfrak{g}$).

그림 4.4

여기서 ρ는 조작을 입력으로 받는 함수로 여기서는 f의 출력을 입력으로 받는 함수를 준다. 불변은 동변에서 $\rho(\mathfrak{g})$가 입력을 그대로 반환하는 항등사상($\rho(\mathfrak{g}) = \mathrm{Id}$)인 특수한 경우이다. 또 동변은 입력에 적용한 조작이 출력에 그대로 적용되는 경우($\rho(\mathfrak{g}) = \mathfrak{g}$)가 많다. 예를 들어 이미지 속의 물체를 검출하는 경우에 이미지를 병진이동하면 그 검출 결과도 역시 병진이동한다. 이 경우는 입력에 가한 조작이 그대로 출력에 적용된 동변성이 있는 경우이다.

4.5.2 화합물의 회전배열

여기서는 대칭성을 다루기 위해 화합물의 회전배열配座을 추정하는 문제를 생각해보자. 회전배열이란 결합의 길이나 결합 각도의 변화로 결정되는 화합물의 공간적 원자 배치를 말한다. 일반적으로 에너지가 낮아지도록 회전배열을 분자동역학molecular dynamics, MD

방법이나 MCMC 방법을 사용해서 계산하지만, 표본추출에 시간이 오래 걸리거나 에너지가 높은 영역을 넘어가지 못하기 때문에 에너지가 낮은 회전배열들을 모두 찾아내는 것은 어렵다.

회전배열은 좌표를 잡는 방법에 따라 달라지는 것이 아니기 때문에 어떤 회전배열이 생성될 확률은 화합물의 병진이나 자기회전에 대해 불변성이 요구된다. 하지만 이런 불변성을 갖춘 확률을 가지는 표본을 추출하는 것은 어렵다.

확산 모델은 이런 병진이나 자기회전에 불변인 생성 모델을 만들 수 있다. 구체적으로는 자기회전에 불변인 사전분포로부터 자기회전에 동변인 역확산 과정을 사용해서 데이터 분포를 생성하면 자기회전에 불변인 데이터 분포를 가지는 생성 모델을 설계할 수 있다. 자기회전에 동변인 역확산 과정은 자기회전에 동변인 점수(디노이징)를 추정할 수 있는 모델을 사용해서 구현할 수 있다. 이것에 대해서는 아래에서 자세히 살펴보자.

n개의 원자로 이루어진 화합물을 무향 그래프 $\mathcal{G} = \langle \mathcal{V}, \mathcal{E} \rangle$를 사용해서 나타내보자. $\mathcal{V}$는 원자에 대응하는 정점vertex 집합이며, $\mathcal{E} = \{e_{ij} | (i, j) \subseteq |\mathcal{V}| \times |\mathcal{V}|\}$은 원자 간의 결합을 나타내는 간선edge 집합이다. 또 각 정점 $v_i \in \mathcal{V}$는 원자의 속성(예를 들면 원자의 종류)을 나타내고 각 간선 $e_{ij} \in \mathcal{E}$는 v_i와 v_j 간의 결합을 나타냄과 동시에 그 결합의 종류도 저장한다.

각 원자는 좌표 벡터 $\mathbf{c} \in \mathbb{R}^3$를 가지며 모든 원자의 좌표인 회전배열은 이 좌표 벡터를 나열한 행렬 $\mathcal{C} = [\mathbf{c}_1, \mathbf{c}_2, \ldots, \mathbf{c}_n]^\mathsf{T} \in \mathbb{R}^{n \times 3}$로 나타낸다.

분자의 회전배열 생성은 그래프 $\mathcal{G}$가 주어졌을 때의 그 안정 회전배열 $\mathcal{C}$를 생성하는 조건부 생성 문제이다. 학습할 때는 여래 개의 그래프와 각 그래프의 (1개 이상의) 안정 구조가 훈련 데이터로 주어진다. 이것을 이용해서 조건부 생성 $p_\theta(\mathcal{C}|\mathcal{G})$를 학습하여 안정 구조의 표본을 얻는 것이 목표이다(분자의 구조는 그 에너지와 온도에 따라 정의되는 정준분포를 따른다고 생각할 수 있다).

이 장에서 대칭성을 다루는 조작은 3차원 공간에서의 병진과 자기회전, 좌우 반전이다

(이하 자기회전과 좌우 반전을 합쳐서 자기회전이라고 한다). 이런 조작의 집합을 SE(3)이라고 부른다. 이 책에서 자세히 다루지는 않지만, 이런 집합은 군의 성질을 갖춘다. 학습할 모델의 우도는 SE(3)의 조작에 대한 불변성이 요구된다.

확산 모델을 사용한 대칭성을 갖춘 생성

확산 모델을 사용해서 어떻게 대칭성을 가지는 생성이 가능한지 살펴보자[28][29].

지금까지의 확산 모델과 마찬가지로 초기 회전배열을 $\mathcal{C}_0$라 하고 거기에 서서히 잡음을 추가해가는 확산 과정 $q(\mathcal{C}_t|\mathcal{C}_{t-1})$를 생각하자. 또 완전한 잡음 $p(\mathcal{C}_T)$로부터 출발해서 확산 과정의 역방향인 역확산 과정 $p_\theta(\mathcal{C}_{t-1}|\mathcal{G}, \mathcal{C}_t)$로 데이터를 생성한다.

$$
\begin{aligned}
q(\mathcal{C}_{1:T}|\mathcal{C}_0) &= \prod_{t=1}^{T} q(\mathcal{C}_t|\mathcal{C}_{t-1}) \\
q(\mathcal{C}_t|\mathcal{C}_{t-1}) &= \mathcal{N}(\mathcal{C}_t; \sqrt{1-\beta_t}\mathcal{C}_{t-1}, \beta_t\mathbf{I}) \\
p_\theta(\mathcal{C}_{0:T-1}|\mathcal{G}, \mathcal{C}_t) &= \prod_{t=1}^{T} p_\theta(\mathcal{C}_{t-1}|\mathcal{G}, \mathcal{C}_t) \\
p_\theta(\mathcal{C}_{t-1}|\mathcal{G}, \mathcal{C}_t) &= \mathcal{N}(\mathcal{C}_{t-1}; \mu_\theta(\mathcal{G}, \mathcal{C}_t, t), \sigma_t^2\mathbf{I})
\end{aligned}
$$

그러면 최종적으로 생성되는 회전배열 $\mathcal{C}_0$의 주변 우도는 다음과 같다.

$$
p_\theta(\mathcal{C}_0|\mathcal{G}) = \int p(\mathcal{C}_T)p_\theta(\mathcal{C}_{0:T-1}|\mathcal{G}, \mathcal{C}_T)\mathrm{d}\mathcal{C}_{1:T}
$$

목표는 이 주변 우도를 SE(3) 조작에 대해 불변으로 하는 것이다.

병진이동에 대한 불변성은 중심이 항상 원점이 되도록 설정하는 중심 프리 시스템으로 하여 달성할 수 있다. 구체적으로는 우도를 평가할 때는 중심이 원점이 되도록 이동한 후에 우도를 평가한다. 또한 표본을 추출할 때는 추출한 후의 중심이 원점이 되도록 이동한다.

나머지는 자기회전에 대한 불변성을 달성하면 된다. 정규분포 $\mathcal{N}(\mathbf{0}, \mathbf{I})$은 등방성을 가지기 때문에 자기회전에 대해 밀도는 불변이다. 따라서 초기의 $p(\mathcal{C}_T)$는 자기회전에 불변이며 중심 프리 시스템에 맞춰서 SE(3) 불변인 분포이다.

다음으로 역확산 과정 $p_\theta(\mathcal{C}_{t-1}|\mathcal{G}, \mathcal{C}_t)$는 중심 프리 시스템으로 다룰 것이므로, 병진이동에는 불변이다. $p_\theta(\mathcal{C}_{t-1}|\mathcal{G}, \mathcal{C}_t)$는 자기회전 T_g에 동변이다.

$$p(\mathcal{C}_T) = p(T_g(\mathcal{C}_T))$$
$$p_\theta(\mathcal{C}_{t-1}|\mathcal{G}, \mathcal{C}_t) = p_\theta(T_g(\mathcal{C}_{t-1})|T_g(\mathcal{G}), T_g(\mathcal{C}_T))$$

일 때

$$p_\theta(\mathcal{C}_0|\mathcal{G}) = \int p(\mathcal{C}_T)p_\theta(\mathcal{C}_{0:T-1}|\mathcal{G}, \mathcal{C}_T)\mathrm{d}\mathcal{C}_{1:T}$$

는 SE(3) 불변임을 증명한다.

확률밀도가 SE(3) 불변이라는 증명

여기에서는 회전배열뿐만 아니라 일반적인 대칭성에 관해 설명하기 위해 확산 과정의 변수는 $\mathbf{x}_0$, $\mathbf{x}_1$, ..., $\mathbf{x}_T$로 한다.

자기회전 조작에 대해 $p(\mathbf{x}_{t-1}|\mathbf{x}_t)$가 동변이고, $p(\mathbf{x}_t)$가 불변이라면 주변분포 $p(\mathbf{x}_t)$는 불변이며 특히 생성 분포 $p(\mathbf{x}_0)$도 불변임을 증명한다.

증명

자기회전은 직교행렬 $\mathbf{R}$로 나타낼 수 있다.

$p(\mathbf{x}_t) = \mathcal{N}(\mathbf{0}, \mathbf{I})$는 자기회전에 불변이다. 따라서 $p(\mathbf{x}_t) = p(\mathbf{R}\mathbf{x}_t)$가 성립한다.

다음으로 $t \in 1, ..., T$일 때 $p(\mathbf{x}_t) = p(\mathbf{R}\mathbf{x}_t)$가 성립한다고 가정한다. 또 전이확률 $p(\mathbf{x}_{t-1}|\mathbf{x}_t)$는 동변이라는 조건으로부터 직교 행렬 $\mathbf{R}$에 대해서, $p(\mathbf{x}_{t-1}|\mathbf{x}_t) = p(\mathbf{R}\mathbf{x}_{t-1}|\mathbf{R}\mathbf{x}_t)$가 성립한다. 이때

$$
\begin{aligned}
& p(\mathbf{R}\mathbf{x}_{t-1}) \\
& \quad = \int p(\mathbf{R}\mathbf{x}_{t-1}|\mathbf{x}_t)p(\mathbf{x}_t)\mathrm{d}\mathbf{x}_t \\
& \quad = \int p(\mathbf{R}\mathbf{x}_{t-1}|\mathbf{R}\mathbf{R}^{-1}\mathbf{x}_t)p(\mathbf{R}\mathbf{R}^{-1}\mathbf{x}_t)\mathrm{d}\mathbf{x}_t \quad (\mathbf{R}\mathbf{R}^{-1} = \mathbf{I}\text{를 곱한다}) \\
& \quad = \int p(\mathbf{x}_{t-1}|\mathbf{R}^{-1}\mathbf{x}_t)p(\mathbf{R}^{-1}\mathbf{x}_t)\mathrm{d}\mathbf{x}_t \\
& \qquad\qquad (p(\mathbf{x}_{t-1}|\mathbf{x}_t)\text{의 동변성과 } p(\mathbf{x}_t) = p(\mathbf{R}\mathbf{x}_t)\text{의 불변성을 적용})
\end{aligned}
$$

$\mathbf{v} = \mathbf{R}^{-1}\mathbf{x}_t$로 변수변환을 하면

$$
\begin{aligned}
& = \int p(\mathbf{x}_{t-1}|\mathbf{v})p(\mathbf{v}) \cdot \underbrace{\det \mathbf{R}}_{=1} \cdot \mathrm{d}\mathbf{v} \\
& = p(\mathbf{x}_{t-1})
\end{aligned}
$$

이렇게 $p(\mathbf{x}_{t-1})$는 자기회전 조작에 불변인 것을 보였다. 귀납법으로 $p(\mathbf{x}_{t-1})$, ..., $p(\mathbf{x}_0)$은 모두 불변인 것을 보였다. (증명 끝)

SE(3) 동변을 달성하는 네트워크

지금까지 SE(3) 불변으로 하기 위해서는 역확산 과정이 자기회전에 동변이면 된다는 것을 살펴보았다. 역확산 과정의 1단계는 평균 $\mu_\theta(\mathcal{G}, \mathcal{C}_{t-1}, t)$와 고정 분산을 가진 정규분포로 나타나기 때문에 평균이 자기회전에 동변성을 달성할 수 있으면 된다. 평균 $\mu_\theta(\mathcal{G}, \mathcal{C}_t, t)$는 지금까지의 디노이징 확산 모델과 마찬가지로 잡음 $\epsilon_\theta(\mathcal{G}, \mathcal{C}_t, t)$를 추정하도록 모델링된다.

$$
\mu_\theta(\mathcal{G}, \mathcal{C}_t, t) = \frac{1}{\sqrt{\alpha_t}}\left(\mathcal{C}_t - \frac{\beta_t}{\sqrt{1-\bar{\alpha}_t}}\epsilon_\theta(\mathcal{G}, \mathcal{C}_t, t)\right)
$$

잡음을 추정하는 네트워크 ϵ_θ가 자기회전에 동변이라면 이 평균은 자기회전에 동변이 된다.

자기회전에 동변성을 달성할 수 있는 모델을 아래에 설명한다. 이 밖에도 자기회전이나 기타 조작에 동변성을 달성하는 신경망은 수없이 많이 제안되고 있다.

그래프 신경망은 그래프 구조 $\mathcal{G}$에 따라 구성된다. l층째의 각 노드의 임베딩 벡터 $\mathbf{h}^l \in \mathbb{R}^{n \times c}$($c$는 특징 차원 수), 좌표의 임베딩 벡터 $\mathbf{x}^l \in \mathbb{R}^{n \times 3}$이 입력으로 주어졌을 때 그 출력은 다음과 같이 구해진다.

$$\mathbf{m}_{ij} = \Phi_m(\mathbf{h}_i^l, \mathbf{h}_j^l, \|\mathbf{x}_i^l - \mathbf{x}_j^l\|^2, e_{ij}, \theta_m) \tag{4.2}$$

$$\mathbf{h}_i^{l+1} = \Phi_h(\mathbf{h}_i^l, \sum_{j \in \mathcal{N}(i)} \mathbf{m}_{ij}; \theta_h) \tag{4.3}$$

$$\mathbf{x}_i^{l+1} = \sum_{j \in \mathcal{N}(i)} \frac{1}{d_{ij}} (\mathbf{c}_i - \mathbf{c}_j) \Phi_x(\mathbf{m}_{ij}; \theta_x) \tag{4.4}$$

여기서 Φ는 순방향 신경망, θ는 각각의 매개변수, d_{ij}는 원자 간의 거리를 나타낸다. $\mathcal{N}(i)$는 i번째 노드의 그래프상의 인접 원자나 장거리 의존을 고려한 임곗값 τ의 반경 이내 원자의 집합을 나타낸다. 또한 $\mathbf{h}^0$는 원자와 시간에 대응하는 임베딩 벡터를 나열한 것이며, $\mathbf{x}^0$는 초기의 원자 좌표이다.

이 갱신식을 정리하면

$$\mathbf{x}^{l+1}, \mathbf{h}^{l+1} = \mathrm{GFN}(\mathbf{x}^l, \mathcal{C}, \mathbf{h}^l)$$

가 된다.

이 갱신식이 SE(3) 조작에 대해서도 $\mathbf{h}^l$이 불변이고, $\mathbf{c}^l$이 동변이라면 SE(3) 조작에 대해서 $\mathbf{h}^{l+1}$도 불변이고, $\mathbf{c}^{l+1}$은 동변임을 증명한다.

증명

$\mathbf{g} \in \mathbb{R}^3$을 병진이동을 나타내는 벡터, $\mathbf{R} \in \mathbb{R}^{3 \times 3}$을 회전을 나타내는 직교행렬로 둔다. 그리고 $\mathbf{Rx}$는 $(\mathbf{Rx}_1, \ldots, \mathbf{Rx}_N)$의 약자이다. 이 경우에 다음이 성립한다는 것을 보이는 것이 목표이다.

$$\mathbf{R}\mathbf{x}^{l+1}, \mathbf{h}^{l+1} = \mathrm{GFN}(\mathbf{R}\mathbf{x}^l, \mathbf{R}\mathcal{C} + \mathbf{g}, \mathbf{h}^l)$$

먼저 두 원자 간의 거리는 회전 조작에 불변이다.

$$\|\mathbf{R}\mathbf{c}_i^l - \mathbf{R}\mathbf{c}_j^l\|^2 = (\mathbf{c}_i^l - \mathbf{c}_j^l)^\top \mathbf{R}^\top \mathbf{R}(\mathbf{c}_i^l - \mathbf{c}_j^l) = \|\mathbf{c}_i^l - \mathbf{c}_j^l\|^2$$

여기서 $\mathbf{R}$은 직교행렬이기 때문에 $\mathbf{R}^T\mathbf{R} = \mathbf{I}$를 이용했다.

이것으로 식 (4.2)은

$$\begin{aligned} \mathbf{m}_{ij} &= \Phi_m(\mathbf{h}_i^l, \mathbf{h}_j^l, \|\mathbf{R}\mathbf{x}_i^l - \mathbf{R}\mathbf{x}_j^l\|^2, e_{ij}, \theta_m) \\ &= \Phi_m(\mathbf{h}_i^l, \mathbf{h}_j^l, \|\mathbf{x}_i^l - \mathbf{x}_j^l\|^2, e_{ij}, \theta_m) \end{aligned}$$

가 성립한다. 또 식 (4.3)으로부터 $\mathbf{m}_{ij}$가 SE(3) 조작에 불변이라면 $\mathbf{h}_i^{l+1}$도 SE(3) 조작에 불변이다.

또 식 (4.4)은 $\mathbf{m}_{ij}$가 SE(3) 조작에 불변인 것을 이용해서

$$\begin{aligned} &\sum_{j \in \mathcal{N}(i)} \frac{1}{d_{ij}} (\mathbf{R}\mathbf{c}_i + \mathbf{g} - \mathbf{R}\mathbf{c}_j - \mathbf{g}) \Phi_x(\mathbf{m}_{ij}; \theta_x) \\ &= \mathbf{R} \sum_{j \in \mathcal{N}(i)} \frac{1}{d_{ij}} (\mathbf{c}_i - \mathbf{c}_j) \Phi_x(\mathbf{m}_{ij}; \theta_x) \\ &= \mathbf{R}\mathbf{c}_i^{l+1} \end{aligned}$$

이것으로 여러 층 중에서 한 층분의 변환에 대해 SE(3) 동변성을 증명했다. 이런 층을 N개 겹친 신경망 전체도 SE(3)가 동변성을 달성하는 것을 보일 수 있다. (증명 끝)

요약

이 장에서는 조건부 생성, 부분공간 확산 모델, 대칭성을 고려한 확산 모델을 소개했다. 조건부 생성에서는 분류기 가이던스, 분류기를 사용하지 않는 가이던스를 설명했다. 특히 분류기를 사용하지 않는 가이던스는 하나의 모델로 구현할 수 있으며 생성 품질이 높다는 장점이 있다.

부분공간 확산 모델은 입력 데이터와 동일한 차원 수의 공간으로 전이되는 것이 아니라 서서히 작아지는 부분공간으로 전이된다. 계산량을 낮추고 추상적인 표현을 얻으면서 우도를 그대로 평가할 수 있다.

대칭성을 고려한 생성은 특히 물리 세계의 모델링에서 강력하다. 이 장에서는 회전배열만을 다루었으나 화합물 생성, 도킹 추정, 궤도 생성 등에서도 제안되고 있다. 세상에는 아직 미지의 대칭성 혹은 부분적 대칭성이 있으므로 이를 이용해서 학습을 효율화하면 생성과 예측을 크게 개선할 수 있을 것이다. 대칭성의 학습도 앞으로 중요해질 것이다.

CHAPTER 5

응용

확산 모델은 생성 모델이며 기존 생성 모델과 마찬가지로 목표 분포로부터 데이터를 추출할 수 있다. 또 확률 플로 ODE화하면 로그 우도의 불편추정량을 계산할 수 있다. 3.7절에서도 소개한 것처럼 확산 모델은 다른 생성 모델에는 없는 많은 우수한 특징이 있으므로 기존 생성 모델을 대신해서 널리 사용되고 있다. 이 장에서는 확산 모델을 사용한 몇 가지 응용 사례를 소개한다.

확산 모델은 기존 생성 모델에 비해 우수한 생성 품질과 다양성으로 기존 생성 모델로는 학습이 어려웠던 것도 생성할 수 있다. 예를 들어, 기존 생성 모델로는 동영상 생성이 어려워서 훈련 데이터를 피팅하는 것조차 어려웠으나 확산 모델을 사용해서 쉽게 동영상 데이터를 생성할 수 있게 되었고 처음 몇 프레임을 제공한 후에 나머지 동영상을 수십 분에 걸쳐 생성할 수도 있게 되었다.

확산 모델이 특히 주목받은 것은 DALL-E2[30]나 Imagen[31], Midjourney[32]나 Stable Diffusion[26] 등이 기존에는 상상할 수 없었던 이미지 생성의 다양성과 표현력을 보여주었기 때문이다. 이들은 주어진 텍스트에서 이미지를 생성하는 모델로 사용자가 자유롭게 텍스트로 이미지의 내용이나 스타일을 지정하면 그에 맞는 이미지를 생성한다. 텍스트를 인코더(대조 학습으로 획득하거나 언어 모델의 중간 상태를 이용)를 사용해서 잠재 벡터로 변환하고 이 잠재 벡터를 조건으로 사용해서 이미지를 생성한다.

또한 고해상도의 이미지를 직접 생성하는 것이 아니라 저해상도의 이미지를 일단 생성한 후에 거기에 조건을 붙여 고해상도의 이미지를 생성한다. 이 두 단계 모두에서 확산 모델은 각각의 부분 문제가 가진 다양성을 표현할 수 있으며 텍스트에 대응하는 다양한 저해상도 이미지와 저해상도 이미지에 대응하는 다양한 고해상도 이미지를 생성할 수 있다.

또, 이미지 생성 모델의 평가에는 FID Fréchet inception distance가 넓게 사용되고 있으며 이 평가 지표에서도 확산 모델을 사용한 모델[8]이 다른 생성 모델을 능가하고 있으며 특히 지금까지 가장 생성 품질이 높았던 적대적 생성 모델(GAN 등)을 뛰어넘는 FID를 처음으로 달성했다[8].

5.1 이미지 생성, 초해상, 보완, 이미지 변환

확산 모델은 이미지 생성 분야에서 넓게 사용되고 있다. 확산 모델을 이용한 이미지의 생성 품질은 지금까지 가장 생성 품질이 좋았던 GAN의 생성 품질에 필적하거나 넘어섰다. 또 우도 기반 학습으로, 안정성과 생성의 다양성 측면에서 확산 모델은 더욱 뛰어난 이미지 생성 방법이 되었다.

앞에서 말했듯이 생성 모델은 조건부 생성에서 한층 힘을 발휘한다. 조건을 지정해서 생성을 제어할 수 있으며 다양한 과제를 풀 수 있다. 지도학습도 입력을 조건으로 하는 출력의 조건부 생성 문제로 볼 수 있다.

이런 조건부 생성은 4장에서 소개한 분류기 가이던스나 분류기를 사용하지 않는 가이던스를 사용해서 달성할 수 있다.

예를 들어 앞에서 소개한 것처럼 텍스트로 조건을 지정해서 이미지를 생성하는 모델을 사용하면 다양한 이미지를 텍스트로 지시해서 생성할 수 있다. 이런 조건은 나중에 추가할 수도 있다[33].

또한 저해상도 이미지를 조건으로 고해상도 이미지를 생성하는 초해상, 일부분의 이미지에서 나머지 이미지를 추정하는 이미지 보완, 사실적인 이미지를 만화풍이나 손 그림 등 다양한 스타일로 변환하는 이미지 변환 등을 다룰 수 있다. 이러한 방법은 문제마다 특별한 방법을 사용하지 않고 조건부 생성 문제로 하나의 틀에서 다룰 수 있다[34][35]. 이미 그려진 이미지로부터 조건을 추정하고 그 조건으로 나타난 스타일을 사용한 이미지 생성도 가능하다.

또한 조건부 생성 문제를 선형방정식의 역문제를 푸는 문제로 본다면 조건이 없는 점수를 사용해서 표본을 추출한 후에 조건이 붙은 데이터의 일관성 제약을 지키도록 갱신시키면 효율적이고 높은 정확성으로 조건부 생성을 할 수 있다[36][37](부록 A.4 참조).

5.2 동영상 및 파노라마 생성

가장 학습이 어려웠던 동영상 생성도 확산 모델을 사용해서 구현되고 있다. 동영상 생성은 각 프레임의 이미지를 생성하는 문제로 볼 수 있다. 동영상 생성은 매우 고차원의 데이터 생성 문제를 다루기 때문에 훈련 데이터에 과적합하는 것조차 어려웠다.

확산 모델을 사용한 동영상 생성은 일부 프레임을 생성하여 그것을 조건으로 사용하는 방식이다[38].

구체적으로는 $\mathbf{x}^a$를 동영상의 초기 몇 프레임으로 지정하고 $\mathbf{x}^b$를 후속 프레임으로 한다. 이렇게 자기회귀적으로 표본을 추출하면 임의의 길이의 동영상을 추출할 수 있다.

학습할 때에 이것들을 연결한 표본 $\mathbf{x} = [\mathbf{x}^a, \mathbf{x}^b]$과 그 확산 모델 $p_\theta(\mathbf{x} = [\mathbf{x}^a, \mathbf{x}^b])$을 준비한다. 다음으로 $p_\theta(\mathbf{x}^b|\mathbf{x}^a)$로부터 표본을 추출할 때는 서로 다른 $s < t$의 잠재변수 $\mathbf{z}_s = [\mathbf{z}_s{}^a, \mathbf{z}_s{}^b]$와 $\mathbf{z}_t = [\mathbf{z}_t{}^a, \mathbf{z}_t{}^b]$를 이용해서 $p_\theta(\mathbf{z}_s|\mathbf{z}_t)$로부터 표본을 추출한다. $\mathbf{z}_s{}^b$는 일반적인 생성 과정으로 표본을 추출하지만, $\mathbf{z}_s{}^a$는 매번 순방향 확산 과정에서 얻은 $q(\mathbf{z}_s{}^a|\mathbf{x}^a)$로부터 추출한다.

이런 표본추출은 언뜻 보기에 맞는 것 같지만, $\mathbf{x}^a$쪽의 복원이 $\mathbf{z}^b$를 포함한 $\mathbf{z}$에 따라 어떻게 바뀔지 고려되지 않고 있다. 그래서 $\mathbf{x}_\theta{}^b$의 갱신을 다음과 같이 변경한다.

$$\tilde{\mathbf{x}}_\theta^b(\mathbf{z}_t) = \hat{\mathbf{x}}_\theta^b(\mathbf{z}_t) - \frac{w_r \alpha_t}{2} \nabla_{\mathbf{z}_t^b} \|\mathbf{x}^a - \hat{\mathbf{x}}_\theta^a(\mathbf{z}_t)\|^2$$

여기서 $\hat{\mathbf{x}}_\theta^a(\mathbf{z}_t)$는 디노이징 모델로 복원했을 때 추정한 조건이며 $w_r > 1$은 조건부 표본 추출과 마찬가지로 얼마만큼 $\mathbf{x}^a$쪽의 복원을 고려할 것인가를 나타내는 역온도이다. 직관적으로는 잠재변수가 조건도 정확하게 복원할 수 있는 방향으로 업데이트된다는 것을 의미한다.

조건부 가이던스와 동일하게 조정하므로, 이를 복원 가이던스라고 부른다.

이 보정을 추가한 상태에서 후속 프레임을 생성하도록 학습된 모델은 긴 시간의 동영상을 생성할 수 있다.

또한 마찬가지로 현재의 이미지를 조건으로 주변 픽셀을 조건부 생성으로 보완할 수 있으며 무한한 넓이를 가진 파노라마 이미지도 생성할 수 있다.

5.3 의미 추출과 변환

확산 모델은 데이터 공간과 최종적으로 얻을 수 있는 잠재변수(잡음) 사이의 상호 정보량이 0이므로 잠재변수가 데이터의 의미를 가지지 않는다. 따라서 잠재공간에서 잠재변수가 매끄럽게 전이할 때 대응하는 입력 데이터가 갑자기 변해버리는 문제가 있다. 확률 플로 ODE의 경우는 입력 데이터와 잠재변수가 일대일로 대응하기 때문에 잠재변수의 매끄러운 변화에 입력 데이터도 매끄럽게 변화한다. 이런 잠재변수는 각각의 입력 데이터에 1:1로 대응되는 값을 얻을 수 있는 우수한 성질이 있다는 것도 알려져 있다.

보다 적극적으로 의미를 추출하는 접근 방법으로서, Diffusion AutoEncoders[39]는 처음에 이미지를 인코더를 이용해서 잠재벡터 $\mathbf{z}_{\text{sem}} = \text{Enc}_\phi(\mathbf{x}_0)$로 변환한 다음에 이 벡터를 조건으로 붙인 확산 모델로 기존과 동일하게 잡음을 예측하도록 학습한다.

$$L(\theta, \phi) = \sum_{t=1}^{T} \mathbb{E}_{\mathbf{x}_0, \epsilon_t} \left[\| \epsilon_\theta(\mathbf{x}_t, t, \mathbf{z}_{\text{sem}}) - \epsilon_t \|^2 \right]$$

이 손실을 최소화하기 위해 디노이징의 매개변수 θ와 인코더의 매개변수 ϕ를 최적화한다.

이렇게 얻어진 잠재 벡터는 이미지 전체의 정보를 요약한 정보를 가진다. 예를 들어 두 이미지 사이의 연속적인 보간interpolation은 이 이미지로부터 얻은 잠재 벡터를 선형으로 보간해서 얻은 잠재 벡터를 이용해서 얻을 수 있다. 또한 잠재 벡터를 사용해서 이미지에 대한 다양한 분류 문제도 높은 정확성으로 실현할 수 있다.

5.4 음성의 합성과 강조

음성합성과 음성 강조에서의 확산 모델의 활용을 살펴보자. 음성합성에서는 텍스트로부터 음향 특징량의 생성[40]이나 음향 특징량으로부터 음성 파형 생성[41][42]에 확산 모델이 사용된다. 또 최근에는 텍스트로부터 직접 음성 파형을 생성하는 확산 모델[43]도 제안되고 있다.

텍스트로부터의 음성합성text-to-speech, TTS은 확산 모델이 널리 성공한 분야이다. 음성합성에서는 텍스트, 리듬, 억양, 스타일 등의 조건을 붙여 음성을 합성한다. 음성은 고차원 데이터이며 예를 들어 24 kHz의 음성을 1초간 생성하는 경우 2만 4000차원으로 이루어진 데이터가 된다.

이런 음성 데이터 생성에는 GAN이나 자기회귀 모델이 성공했으나 각각 다음과 같은 문제가 있었다. GAN은 학습이 불안정하다는 문제 이외에 목적함수나 생성할 때 조건을 자유롭게 추가하기 어려웠다. 또한 자기회귀 모델을 사용하는 경우는 로그 우도 최대화로 학습하기 때문에 학습은 안정적이지만 차례대로 데이터를 생성해야 하므로 생성 속도가 느린 문제가 있다.

확산 모델을 이용한 음성합성은 이런 문제를 극복하고 안정적으로 학습을 하면서 다양한 조건을 가이던스로 나중에 추가할 수 있다. 또한 모든 차원을 병렬로 생성할 수 있고 차원 수에 맞추어 병렬로 갱신할 수 있다는 장점이 있다. 초기 확산 모델의 역확산 과정은 스텝 수가 많아 느리다는 단점이 있었으나 개량을 통해 현재는 음성을 재생하는 속도보다 빠르게 생성할 수 있게 되었다.

게다가 음성을 생성할 때 음성 데이터만 있고 그 음성의 정답 텍스트가 없는 경우에도 학습하는 방법까지 등장했다. 조건이 없는 확산 모델을 학습한 후 분류기 가이던스나 말하는 사람의 정보를 나타내는 임베딩 벡터를 추정해서 조건으로 사용한다. 여기에 사용하는 분류기는 말하는 사람이 누구인지를 예측하는 모델을 사용할 수도 있다. 예를 들어 10초 정도의 표본이 있으면 그것을 사용해서 말하는 사람의 어조에 맞추어 생성할 수 있다고 보고되었다.

이 방법은, 학습 시에는 훈련 데이터로부터 얻은 음향 특징량을 조건으로 사용하고, 생성 시에는 다른 모델이 만든 음향 특징량을 조건으로 음성 파형을 생성한다. 이 경우에 학습할 때와 이용할 때의 도메인에 차이가 존재하지만, 다른 방법에 비해서 일반화 능력이 높은 것으로 보고되었다. 이러한 이유로부터 생각할 수 있는 것은, 확산 모델을 이용한 생성 모델은 생성할 때 이전의 생성 결과가 다소 어긋났다 하더라도 수정할 수 있는 능력을 갖추고 있다(점수 함수로 로그 우도가 큰 방향으로 항상 움직인다)는 것이다. 이에 반해 기존 모델은 생성 과정에서 어긋나면 수정할 수 없으며 이런 차이는 과정을 거치면서 커져버릴 우려가 있다.

5.5 화합물의 생성과 회전배열

앞 장에서는 대칭성을 사용한 화합물 회전배열을 소개했으며 여기서는 그 이외의 화합물의 응용 사례를 간략하게 소개한다.

확산 모델의 생성 대상으로는 분자 구조가 주어졌을 때 분자의 회전배열(좌표)[44]이나 원자의 종류와 회전배열[45]이 있다. 또한 공간 방향으로 동일한 패턴이 무한히 확대되는 결정구조를 생성할 수 있는 모델도 제안되었다[46]. 이런 생성에서는 병진 대칭성, 회전 대칭성을 갖는 것이 중요하며 확산 모델을 사용한 생성 모델은 이런 대칭성을 포함할 수 있다.

분자동역학MD 방법의 고속화로서, 여러 단계 앞의 MD 방법의 결과를 조건부로 생성하는 사례도 있다[47]. 또 단백질의 계열 생성이나 구조 생성을 하는 사례나 모티브(일부 구조)를 알고 있을 때 나머지 구조를 생성하는 사례[48] 등도 제안되고 있다.

5.6 적대적 섭동에 대한 강건성 향상

확산 모델은 적대적 섭동에 대한 강건성 향상에도 효과적이다[49].

신경망을 사용한 모델은 입력에 인간이 눈치채지 못하는 약간의 섭동을 추가하면 분류나 예측 결과를 임의의 결과로 바꿀 수 있다는 것이 알려져 있다. 이런 악의가 있는 잡음을 적대적 섭동이라고 한다. 또한 입력에 적대적 섭동이 추가된 표본을 적대적 표본이라고 한다.

이 적대적 섭동을 막기 위해서 적대적 섭동이 더해진 훈련 데이터를 추가해서 학습하는 적대적 훈련이 사용되고 있으며 이 경우에는 훈련할 때 사용한 특정 공격에 대해서만 강건성을 향상할 수 있다.

이 문제에 대해서 확산 모델을 사용한 적대적 정제adversarial purification라고 부르는 방법은 추론할 때 적용하는 방법으로 적대적 섭동이 추가된 표본으로부터 섭동의 영향을 제거할 수 있다.

적대적 정제는 먼저 확산 과정에서 적대적 표본에 잡음을 중간 시간까지 추가한다. 이 중간 시간은 추가된 잡음에 의해 적대적 섭동이 묻힐 정도로 크지만 원래 입력 정보가 손실되지 않는 정도(역확산 과정에서 원래 정보를 복원할 수 있는 정도)로 설정한다. 다음으로 잡음이 추가된 데이터를 확산 모델의 역확산 과정으로 복원한다. 이렇게 하면 적대적 섭동보다 확산 과정에 의해 추가된 잡음이 더 지배적인 경우에 적대적 섭동의 영향은 역확산 과정에서 제거할 수 있다.

정확히는 원래의 입력분포가 확산 과정에 의해 교란된 교란 후 분포와, 임의의 적대적 섭동을 추가한 입력분포의 교란 후 분포와의 KL 다이버전스가 교란을 추가할수록 작아지는 것은 증명할 수 있으므로 적대적 섭동의 영향을 적게 할 수 있다는 것을 보였다. 이 경우에 역확산 과정으로 이미지의 분류/예측 결과가 변하지 않는지는 데이터가 가진 특징에 의존한다. 또한 확산 과정에 따라 추가된 잡음은 무작위이기 때문에 공격자가 이를 이용해서 공격할 수 없다는 장점도 있다.

이 적대적 정제는 기존의 적대적 섭동에 대한 강건성을 향상하는 기법보다 높은 강건성을 갖는 것으로 나타났다.

5.7 데이터 압축

확산 모델은 손실 압축에 이용할 수 있다. 손실 압축이란 데이터를 압축하고 복원했을 때 원래의 데이터로 완전히 복원되지는 않지만, 완전히 복원할 수 있는 무손실 압축에 비해 높은 압축률을 달성하는 것이다.

확산 모델을 이용한 손실 압축은 압축할 때 노이즈만 추가하면 된다는 장점이 있다. 게다가 기존 최고 성능의 손실 압축과 비교해도 그것들을 능가하는 성능을 가진다. 확산 모델을 이용한 데이터 압축은 부호화할 때는 데이터에 확산 과정에서 중간 시간까지 추가한 데이터를 송신/저장하고 복호화할 때는 잡음이 추가된 데이터를 받은 후에 확산 모델의 역확산 과정을 사용해서 복원한다. 이때 잡음이 추가된 데이터는 원래 데이터를 보존하는 것보다 적은 비트 수로 효율적으로 보존할 수 있다. 구체적으로는 데이터 $\mathbf{x}$와 잡음 추가 후의 데이터 $\mathbf{z}$ 간의 상호 정보량 $I(\mathbf{x}, \mathbf{z}_t)$으로 부호화할 수 있는 것으로 알려져 있다. 이것을 역채널 부호화reverse channel coding라고 한다[50]. 복원할 때는 특정한 형식의 데이터가 필요한 것이 아니라 잡음이 추가된 데이터라면 무엇이든 상관없다는 점이 주목할 만하다. 추가된 잡음이 강해질수록 상호 정보량은 적어지고 보내야

할 비트 수는 줄어든다. 예를 들어 잡음이 지배적인 완전한 정규분포로부터 표본을 보내는 경우는 입력 $\mathbf{x}$와 그 상호 정보량은 0이며 이 경우 복원하는 쪽은 어떤 정보도 사용하지 않고 정규분포 $\mathcal{N}(\mathbf{0}, \mathbf{I})$으로부터 표본을 추출하면 된다. 확산 모델을 이용한 복원이 가능한 수준까지 데이터에 노이즈를 섞을 수 있다.

이미지 압축에서는 최고 압축률을 달성하고 있는 BPGBetter Portable Graphics나 신경망을 사용하는 압축 방법을 뛰어넘는 압축률/복원 품질 사이의 트레이드오프를, 확산 모델은 달성할 수 있다.

요약

이 장에서는 확산 모델을 사용한 대표적인 응용 사례를 소개했다.

확산 모델은 기존 생성 모델이 사용되던 영역뿐 아니라 기존에 생성이 어려웠던 문제에도 적극적으로 사용되고 있다. 또 확산 과정이나 역확산 과정이 가진 특징을 살린 적대적 섭동에 대한 강건성 향상과 압축 등 새로운 응용 사례에 관해서도 소개했다.

APPENDIX A

부록

A.1 사전분포가 정규분포, 우도가 선형정규분포인 경우의 사후확률분포

사전분포가 $p(x) = \mathcal{N}(\mu_{\mathrm{A}}, {\sigma_{\mathrm{A}}}^2)$, 우도의 평균이 조건 x에 선형인 정규분포 $p(y|x) = \mathcal{N}(ax, {\sigma_{\mathrm{B}}}^2)$의 사후확률분포 $p(x|y)$는 다음과 같이 계산할 수 있다.

$$
\begin{aligned}
&p(x|y) \\
&\quad \propto p(x)p(y|x) \quad (\text{베이즈 정리로부터}) \\
&\quad \propto \exp\left(-\frac{\|x-\mu_{\mathrm{A}}\|^2}{2\sigma_{\mathrm{A}}^2}\right)\exp\left(-\frac{\|y-ax\|^2}{2\sigma_{\mathrm{B}}^2}\right) \\
&\quad \propto \exp\left(\left(-\frac{1}{2\sigma_{\mathrm{A}}^2}-\frac{a^2}{2\sigma_{\mathrm{B}}^2}\right)x^2+\left(\frac{\mu_{\mathrm{A}}}{\sigma_{\mathrm{A}}^2}+\frac{ay}{\sigma_{\mathrm{B}}^2}\right)x\right) \\
&\quad \propto \exp\left(-\frac{\|x-\tilde{\mu}\|^2}{2\tilde{\sigma}^2}\right)
\end{aligned}
$$

여기서

$$\frac{1}{\tilde{\sigma}^2} = \frac{1}{\sigma_{\mathrm{A}}^2} + \frac{a^2}{\sigma_{\mathrm{B}}^2}$$

$$\tilde{\mu} = \tilde{\sigma}^2 \left(\frac{\mu_{\mathrm{A}}}{\sigma_{\mathrm{A}}^2} + \frac{ay}{\sigma_{\mathrm{B}}^2} \right)$$

즉, 사후확률분포 $p(x|y)$는 평균이 $\tilde{\mu}$, 분산이 $\tilde{\sigma}^2$인 정규분포 $\mathcal{N}(\tilde{\mu}, \tilde{\sigma}^2)$이 된다.

A.2 ELBO

먼저 잠재변수 $\mathbf{z}$가 사전분포 $p(\mathbf{z})$에서 $\mathbf{z} \sim p(\mathbf{z})$로 생성되고 그 잠재변수를 조건으로 하여 관측변수 $\mathbf{x}$가 생성기 $p(\mathbf{x}|\mathbf{z})$에 의해 $\mathbf{x} \sim p(\mathbf{x}|\mathbf{z})$로 생성되는 경우를 살펴보자. 이런 생성 모델을 잠재변수 모델이라고 부른다. 잠재변수와 관측변수의 동시 확률은 다음과 같다.

$$p(\mathbf{x}, \mathbf{z}) = p(\mathbf{x}|\mathbf{z})p(\mathbf{z})$$

또한 관측변수의 우도는 잠재변수의 주변화로 얻을 수 있다.

$$p(\mathbf{x}) = \int_{\mathbf{z}} p(\mathbf{x}|\mathbf{z})p(\mathbf{z})\mathrm{d}\mathbf{z}$$

학습할 때는 로그 우도를 최대화하지만, 우도 계산에 적분이 포함되어 있으므로 이대로는 계산할 수 없다. 그래서 로그 우도의 ELBO를 최대화한다.

먼저 옌센Jensen 부등식을 알아보자. $f(z)$를 볼록함수, $y(z)$를 임의의 함수, $p(z)$를 확률밀도함수로 하고 모두 적분을 계산할 수 있다고 하자. 이때 다음이 성립한다.

$$\int_z f(y(z))p(z)\mathrm{d}z \geq f\left(\int_z y(z)p(z)\mathrm{d}z \right)$$

이것은 볼록함수상에서 임의의 점군의 볼록 집합은 항상 볼록함수보다 위에 있다는 것을 의미한다.

다음으로 생성기 $p(\mathbf{x}|\mathbf{z})$에 더해 인식기 $q(\mathbf{z}|\mathbf{x})$를 준비하고 다음과 같이 로그 우도의 식을 변형한다.

$$
\begin{aligned}
\log p(\mathbf{x}) &= \log\left(\int_{\mathbf{z}} p(\mathbf{x}|\mathbf{z})p(\mathbf{z})\mathrm{d}\mathbf{z}\right) \\
&= \log\left(\int_{\mathbf{z}} \frac{q(\mathbf{z}|\mathbf{x})p(\mathbf{x}|\mathbf{z})p(\mathbf{z})}{q(\mathbf{z}|\mathbf{x})}\mathrm{d}\mathbf{z}\right) \quad (\text{분자와 분모에 } q(\mathbf{z}|\mathbf{x})\text{를 곱한다}) \\
&\geq \int_{\mathbf{z}} q(\mathbf{z}|\mathbf{x}) \log \frac{p(\mathbf{x}|\mathbf{z})p(\mathbf{z})}{q(\mathbf{z}|\mathbf{x})}\mathrm{d}\mathbf{z} \quad (\text{옌센 부등식 적용}) \\
&= \mathbb{E}_{q(\mathbf{z}|\mathbf{x})}\left[\log \frac{p(\mathbf{x}|\mathbf{z})p(\mathbf{z})}{q(\mathbf{z}|\mathbf{x})}\right]
\end{aligned}
$$

이 로그 우도의 하한을 주는 식을 로그 우도의 ELBO$_{\text{evidence lower bound}}$라고 한다. ELBO는 원래의 로그 우도와는 달리 몬테카를로 추정으로 로그 우도의 하한의 불편추정량을 계산할 수 있으며 $q(\mathbf{z}|\mathbf{x})$와 $p(\mathbf{x}|\mathbf{z})$를 동시에 최대화하면 우도를 최대화할 수 있다(자세한 것은 [2] 참조).

A.3 신호와 잡음을 이용한 확률 플로 ODE 도출

신호와 잡음을 사용한 확률 플로 ODE 도출을 설명한다. 이 증명은 [8]을 참고했다.

본문에서는 확산 과정의 확률미분방정식이

$$
\mathrm{d}\mathbf{x} = f(t)\mathbf{x}\mathrm{d}t + g(t)\mathrm{d}\mathbf{w}
$$

로 주어졌을 때 그 확률 플로 ODE는

$$\mathrm{d}\mathbf{x} = [f(t)\mathbf{x} - \frac{1}{2}g(t)^2\nabla_{\mathbf{x}} \log p_t(\mathbf{x})]\mathrm{d}t$$

로 주어지는 것을 살펴보았다.

한편 확산 과정을 확률미분방정식의 추세 계수 $f(t)$와 확산 계수 $g(t)$가 아닌 확산 과정 주변분포의 신호의 크기 $s(t)$와 잡음의 크기 $\sigma(t)$로 나타낼 수 있으며 확산 과정 주변분포가 다음과 같은 경우

$$p_{0t}(\mathbf{x}_t|\mathbf{x}_0) = \mathcal{N}(\mathbf{x}_t; s(t)\mathbf{x}_0, s(t)^2\sigma(t)^2\mathbf{I})$$

가 되고 그 확률 플로 ODE는 다음과 같이 주어진다.

$$\mathrm{d}\mathbf{x} = \left[\frac{s'(t)}{s(t)}\mathbf{x} - s(t)^2\sigma'(t)\sigma(t)\nabla_{\mathbf{x}} \log p\left(\frac{\mathbf{x}}{s(t)}; \sigma(t)\right)\right]\mathrm{d}t$$

이 확률 플로 ODE는 특히 $s(t) = 1$의 경우에 단순화되어

$$\mathrm{d}\mathbf{x} = -\sigma'(t)\sigma(t)\nabla_{\mathbf{x}} \log p(\mathbf{x}; \sigma(t))\mathrm{d}t$$

로 주어진다.

이 신호의 크기 $s(t)$와 잡음의 크기 $\sigma(t)$로 나타낸 확률 플로 ODE의 식은 아래에 보인다.

각 시간에서의 신호의 크기를 $s(t)$, 잡음의 크기를 $\sigma(t)$, 또 시간 $t = 0$에서의 데이터 분포를 $p_0(\mathbf{x}_0)$로 두고 그때의 확률변수를 $\mathbf{x}_0$라고 하면 확산 과정의 시간 t에서의 주변분포 $p_t(\mathbf{x})$는 다음과 같다.

$$
\begin{aligned}
p_t(\mathbf{x}) &= \int_{\mathbb{R}^d} p_{0t}(\mathbf{x}|\mathbf{x}_0)p_0(\mathbf{x}_0)\mathrm{d}\mathbf{x}_0 \\
&= \int_{\mathbb{R}^d} p_0(\mathbf{x}_0)\left[\mathcal{N}(\mathbf{x}; s(t)\mathbf{x}_0, s(t)^2\sigma(t)^2\mathbf{I})\right]\mathrm{d}\mathbf{x}_0 \\
&= \int_{\mathbb{R}^d} p_0(\mathbf{x}_0)\left[s(t)^{-d}\mathcal{N}(\mathbf{x}/s(t); \mathbf{x}_0, \sigma(t)^2\mathbf{I})\right]\mathrm{d}\mathbf{x}_0 \\
&= s(t)^{-d}\int_{\mathbb{R}^d} p_0(\mathbf{x}_0)\mathcal{N}(\mathbf{x}/s(t); \mathbf{x}_0, \sigma(t)^2\mathbf{I})\mathrm{d}\mathbf{x}_0 \\
&= s(t)^{-d}\int_{\mathbb{R}^d} p_0(\mathbf{x}_0)\mathcal{N}(\mathbf{x}/s(t) - \mathbf{x}_0; \mathbf{0}, \sigma(t)^2\mathbf{I})\mathrm{d}\mathbf{x}_0 \\
&= s(t)^{-d}\left[p_0 * \mathcal{N}(\mathbf{0}, \sigma(t)^2\mathbf{I})\right](\mathbf{x}/s(t))
\end{aligned}
$$

여기서 *는 함수 간의 합성곱 연산이며

$$
(f * g)(t) = \int f(\tau)g(t-\tau)\mathrm{d}\tau
$$

로 정의된다. 이 합성곱 연산 후의 분포

$$
p(\mathbf{x}; \sigma(t)) = p_0 * \mathcal{N}(\mathbf{0}, \sigma(t)^2\mathbf{I})
$$

는 원래 데이터 분포 p_0에 가우스 잡음을 추가했을 때의 분포에 대응한다. 따라서 $p_t(\mathbf{x})$는

$$
p_t(\mathbf{x}) = s(t)^{-d}p(\mathbf{x}/s(t); \sigma(t))
$$

가 된다.

다음으로 확률 플로 ODE의 식에서 $p_t(\mathbf{x})$를 $p(\mathbf{x}/s(t); \sigma(t))$로 치환해보자.

$$
\begin{aligned}
\mathrm{d}\mathbf{x} &= \left[f(t)\mathbf{x} - \frac{1}{2}g(t)^2\nabla_{\mathbf{x}}\log p_t(\mathbf{x})\right]\mathrm{d}t \\
&= \left[f(t)\mathbf{x} - \frac{1}{2}g(t)^2\nabla_{\mathbf{x}}\log\left[s(t)^{-d}p(\mathbf{x}/s(t);\sigma(t))\right]\right]\mathrm{d}t \\
&= \left[f(t)\mathbf{x} - \frac{1}{2}g(t)^2\left[\nabla_{\mathbf{x}}\log s(t)^{-d} + \nabla_{\mathbf{x}}\log p(\mathbf{x}/s(t);\sigma(t))\right]\right]\mathrm{d}t \qquad \text{(A.1)} \\
&\qquad (\nabla_{\mathbf{x}}\log s(t)^{-d} = 0) \\
&= \left[f(t)\mathbf{x} - \frac{1}{2}g(t)^2\nabla_{\mathbf{x}}\log p(\mathbf{x}/s(t);\sigma(t))\right]\mathrm{d}t
\end{aligned}
$$

여기서 확률미분방정식의 $f(t)$를 $s(t)$로 나타낼 수 있도록 추세 계수와 신호와의 관계의 식[15]을 변형하면 다음과 같다.

$$
\begin{aligned}
\exp\left(\int_0^t f(\xi)\mathrm{d}\xi\right) &= s(t) \\
\int_0^t f(\xi)\mathrm{d}\xi &= \log s(t) \\
\mathrm{d}\left[\int_0^t f(\xi)\mathrm{d}\xi\right]/\mathrm{d}t &= \mathrm{d}\left[\log s(t)\right]/\mathrm{d}t \\
f(t) &= s'(t)/s(t)
\end{aligned}
$$

마찬가지로 $g(t)$를 $\sigma(t)$로 나타낼 수 있도록 $g(t)$와 $\sigma(t)$의 관계식을 변형하면 다음과 같다.

$$
\begin{aligned}
\sqrt{\int_0^t \frac{g(\xi)^2}{s(\xi)^2}\mathrm{d}\xi} &= \sigma(t) \\
\int_0^t \frac{g(\xi)^2}{s(\xi)^2}\mathrm{d}\xi &= \sigma(t)^2 \\
\mathrm{d}\left[\int_0^t \frac{g(\xi)^2}{s(\xi)^2}\mathrm{d}\xi\right]/\mathrm{d}t &= \mathrm{d}\sigma(t)^2/\mathrm{d}t \\
g(t)^2/s(t)^2 &= 2\sigma'(t)\sigma(t) \\
g(t)/s(t) &= \sqrt{2\sigma'(t)\sigma(t)} \\
g(t) &= s(t)\sqrt{2\sigma'(t)\sigma(t)}
\end{aligned}
$$

구해진 $f(t)$와 $g(t)$를 식 (A.1)에 대입하면 다음과 같이 된다.

$$
\begin{aligned}
\mathrm{d}\mathbf{x} &= \left[f(t)\mathbf{x} - \frac{1}{2}g(t)^2\nabla_{\mathbf{x}}\log p(\mathbf{x}/s(t);\sigma(t))\right]\mathrm{d}t \\
&= \left[\left[s'(t)/s(t)\right]\mathbf{x} - \frac{1}{2}\left[s(t)\sqrt{2\sigma'(t)\sigma(t)}\right]^2\nabla_{\mathbf{x}}\log p(\mathbf{x}/s(t);\sigma(t))\right]\mathrm{d}t \\
&= \left[\frac{s'(t)}{s(t)}\mathbf{x} - s(t)^2\sigma'(t)\sigma(t)\nabla_{\mathbf{x}}\log p\left(\frac{\mathbf{x}}{s(t)};\sigma(t)\right)\right]\mathrm{d}t
\end{aligned}
$$

A.4 조건부 생성 문제

추정 문제가 선형의 역문제로 정식화할 수 있는 조건부 생성 문제라면 생성 품질과 생성 속도를 개선할 수 있다는 것을 설명한다. 자세한 것은 문헌[36][37] 등을 참고하자.

추정하고 싶은 대상 데이터 $\mathbf{x} \in \mathbb{R}^n$로부터 관측 데이터 $\mathbf{y} \in \mathbb{R}^m$가 다음과 같은 선형방정식으로 주어지는 경우를 생각해보자.

$$
\mathbf{y} = \mathbf{H}\mathbf{x} + \epsilon, \quad \mathbf{H} \in \mathbb{R}^{m\times n} \tag{A.2}
$$

여기서 $\epsilon \in \mathbb{R}^m$은 관측 잡음이다. 예를 들어 대상 데이터 $\mathbf{x}$가 이미지와 같은 구조라도

1열로 나열된 n차원 벡터로 나타나는 것에 주의하자.

이때 관측 데이터로부터 원래의 대상 데이터를 생성하는 조건부 생성 확률 $p(\mathbf{x}|\mathbf{y})$를 얻는 것이 목표이다. 예를 들어 초해상, 보완, 채색, 토모그래피(CT, MRI)와 같은 문제는 이런 선형방정식의 역문제로 생각할 수 있다.

조건부 생성 문제는 조건부 점수 $\nabla_{\mathrm{x}} \log p_t(\mathbf{x}|\mathbf{y})$를 사용해서 $p(\mathbf{x}|\mathbf{y})$로부터 표본을 얻을 수 있지만 여기서는 역문제임을 이용한다. 이 경우에 조건이 없는 점수를 추정한 모델 $s_\theta = \nabla_{\mathrm{x}} \log p_t(\mathbf{x})$를 사용해서 역방향 시간의 SDE에 따라 전이한 후에 역문제의 제약을 적용하면서 갱신한다.

$$\begin{aligned} \mathbf{x}'_{i-1} &= \mathbf{f}(\mathbf{x}_i, s_\theta) + g(i)\mathbf{z}, \quad \mathbf{z} \sim \mathcal{N}(\mathbf{0}, \mathbf{I}) \\ \mathbf{x}_i &= \mathbf{A}\mathbf{x}'_{i-1} + \mathbf{b}_i \end{aligned} \tag{A.3}$$

여기서 확률미분방정식의 추세 계수 $\mathbf{f}(\mathbf{x}_i, s_\theta)$와 확산 계수 $g(i)$는 역방향 시간의 SDE 식으로부터 계산되고 또한 제약 적용에 사용되는 $\mathbf{A}$, $\mathbf{b}_i$는 $\mathbf{H}$, $\mathbf{y}_0$, $\mathbf{x}_0$에 의해 결정되는 함수이다. 각 문제마다 $\mathbf{H}$, $\mathbf{A}$, $\mathbf{b}$가 결정된다[36][37].

예를 들어 보완의 경우에 관측 데이터는 다음과 같이 결정된다.

$$\mathbf{y} = \mathbf{P}\mathbf{x} + \epsilon, \quad \mathbf{P} \in \mathbb{R}^{m \times n} \tag{A.4}$$

여기서 $\mathbf{P} \in \{0, 1\}^{m \times n}$이며 각 열이 관측된 값의 위치만 1이고 그 외는 0인 행렬로 볼 수 있다. 이 경우 복원식(A.3)은 다음과 같이 된다.

$$\begin{aligned} \mathbf{A} &= \mathbf{I} - \mathbf{P}^\top \mathbf{P} \\ \mathbf{b}_i &= \mathbf{P}^\top \hat{\mathbf{x}}_i \end{aligned}$$

여기서 $\mathbf{A}\mathbf{x}'_{i-1} = \mathbf{x}'_{i-1} - \mathbf{x}'_{i-1}\mathbf{P}^\top \mathbf{P}$는 보완 대상 영역만을 잘라낸 결과, $\mathbf{b}_i$는 보완 대

상 이외의 영역(조건부)에 대해 잡음 레벨을 맞추어 추가한 것으로 볼 수 있다.

이런 조건부 생성의 경우에 완전한 잡음에서 시작하는 것이 아니라 주어진 조건에 잡음을 중간까지 추가한 상태(예를 들어 초해상의 경우 $t = 0.1 \sim 0.2$)에서 시작해도 복원할 수 있으며 완전한 잡음으로부터 시작한 것과 비교하면 고속으로 처리할 수 있다.

이렇게 고속으로 처리할 수 있는 것은 제약으로 사용하고 있는 $\mathbf{A}$가 다음과 같은 비확대사상이기 때문이다.

$$\|\mathbf{A}\mathbf{x} - \mathbf{A}\mathbf{x}'\| \leq \|\mathbf{x} - \mathbf{x}'\|, \quad \forall \mathbf{x}, \mathbf{x}'$$

이 경우 오차가 지수적으로 감소해가는 것을 볼 수 있다.

A.5 디노이징 암묵적 확산 모델

DDPM이나 그것을 일반화한 확산 모델은 표본을 추출할 때 충분한 수의 스텝 수를 사용하지 않으면 생성된 품질이 열화된다. 여기에서는 적은 표본추출 스텝 수로 높은 품질의 표본을 생성할 수 있는 디노이징 암묵적 확산 모델Denoising Diffusion Implicit Model, DDIM[51]을 소개한다. 예를 들어 이미지 생성에서 DDPM이나 확산 모델로 높은 품질을 생성하기 위해서는 수백에서 수천의 스텝이 필요하지만 DDIM은 50회 이하로 달성할 수 있다.

나중에 자세히 살펴보겠지만 DDIM의 학습 자체는 DDPM과 동일한 목적함수로 최적화할 수 있으며 표본을 추출할 때는 마치 다른 추론(확산) 모델을 사용해서 역확산 과정을 거친 것처럼 표본추출한다.

DDPM의 목적함수는 다음과 같다는 것을 기억해보자.

$$L_\gamma(\theta) = \sum_{t=1}^{T} w_t \mathbb{E}_{\mathbf{x}_0,\epsilon}\left[\|\epsilon - \epsilon_\theta(\sqrt{\bar{\alpha}_t}\mathbf{x}_0 + \sqrt{\bar{\beta}_t}\,\epsilon, t)\|^2\right]$$

이 식에서는 확산 과정의 각 시간 t의 주변확률 $q(\mathbf{x}_t|\mathbf{x}_0)$(목적함수에서는 변수변환으로 $\mathbf{x}_t = \sqrt{\bar{\alpha}_t}\mathbf{x}_0 + \sqrt{\bar{\beta}_t}\epsilon$로 나타난다)에만 의존하고 동시 확률 $q(\mathbf{x}_{1:T}|\mathbf{x}_0)$에는 의존하지 않는 점에 주의하자.

여기서 다음과 같은 동시 확률분포를 가지는 확률 모델 q_σ를 도입한다.

$$q_\sigma(\mathbf{x}_{1:T}|\mathbf{x}_0) := q_\sigma(\mathbf{x}_T|\mathbf{x}_0)\prod_{t=2}^{T} q_\sigma(\mathbf{x}_{t-1}|\mathbf{x}_t, \mathbf{x}_0)$$

여기서

$$\begin{aligned} &q_\sigma(\mathbf{x}_T|\mathbf{x}_0) = \mathcal{N}(\sqrt{\bar{\alpha}_T}\mathbf{x}_0, \bar{\beta}_T\mathbf{I}) \\ &q_\sigma(\mathbf{x}_{t-1}|\mathbf{x}_t, \mathbf{x}_0) \\ &= \mathcal{N}\left(\mathbf{x}_{t-1}; \sqrt{\bar{\alpha}_{t-1}}\mathbf{x}_0 + \sqrt{\bar{\beta}_{t-1} - \sigma_t^2}\cdot\frac{\mathbf{x}_t - \sqrt{\bar{\alpha}_t}\mathbf{x}_0}{\sqrt{\bar{\beta}_t}}, \sigma_t^2\mathbf{I}\right) \end{aligned} \tag{A.5}$$

이다. 이 $q_\sigma(\mathbf{x}_{t-1}|\mathbf{x}_t, \mathbf{x}_0)$는 모든 $t > 1$에서 주변확률 $q_\sigma(\mathbf{x}_t|\mathbf{x}_0)$이 다음과 같이 DDPM의 주변확률과 일치하도록 도출된다.

$$q_\sigma(\mathbf{x}_t|\mathbf{x}_0) = \mathcal{N}(\sqrt{\bar{\alpha}_t}\mathbf{x}_0, \bar{\beta}_t\mathbf{I})$$

이 모델 $q_\sigma(\mathbf{x}_{t-1}|\mathbf{x}_t, \mathbf{x}_0)$는 바로 직전의 변수 $\mathbf{x}_t$뿐만 아니라 입력 $\mathbf{x}_0$에도 의존한다(그림 A.1). 그래서 이후 q를 확산 과정이 아닌 추론 과정이라고 부르기로 한다.

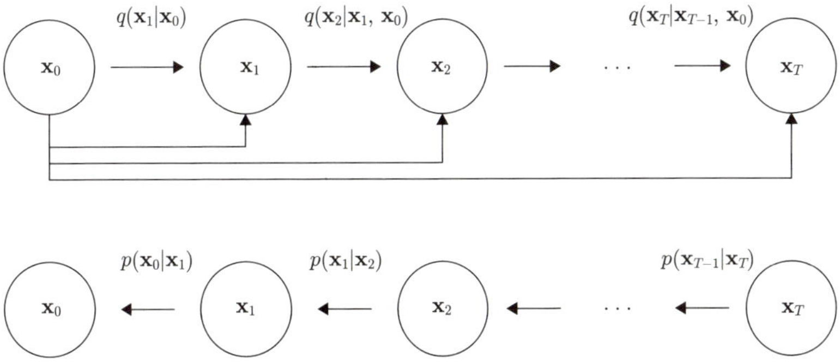

추론 모델이 직전 상태 x_{i-1}뿐만 아니라 입력 x_0에도 의존하도록 한다.
목적함수는 DDPM과 동일하며 표본추출만 다르게 함으로써 고속화할 수 있다.

그림 A.1

이 DDIM은 DDPM의 특수한 경우에 해당하며 $\sigma_t^2 = \frac{\bar{\beta}_{n-1}}{\bar{\beta}_n}\beta_n$인 경우에는 DDPM과 일치한다. DDIM의 생성 과정 $p(\mathbf{x}_{0:T}; \theta)$은 DDPM과 동일하지만, 추론은 $\mathbf{x}_0$에도 의존한다. 이 추론 모델을 사용한 후 로그 우도의 ELBO는

$$
\begin{aligned}
L_\sigma &= \mathbb{E}_q[\log q_\sigma(\mathbf{x}_{1:T}|\mathbf{x}_0) - \log p(\mathbf{x}_{0:T};\theta)] \\
&= \mathbb{E}_q\Bigg[q_\sigma(\mathbf{x}_T|\mathbf{x}_0) + \sum_{t=2}^{T} \log q_\sigma(\mathbf{x}_{t-1}|\mathbf{x}_t, \mathbf{x}_0) \\
&\quad - \sum_{t=1}^{T} \log p^{(t)}(\mathbf{x}_{t-1}|\mathbf{x}_t;\theta) - \log p(\mathbf{x}_T;\theta)\Bigg]
\end{aligned}
$$

가 된다. 이 식을 전개하면 L_σ는 DDPM에서 이용하는 목적함수와 각 시간의 가중치만 다를 뿐 상수분 외에는 동일하다는 것을 볼 수 있다.

따라서 이용하고 있는 모델이 서로 다른 시간 t에서 모델을 공유하지 않은 경우에, DDPM의 목적함수로 학습한 경우와 DDIM의 목적함수로 학습한 경우의 최적 모델은 일치한다. 실제로 사용하는 모델은 시간별로 모델을 공유하고 있으므로 이것이 성립하지는 않지만, 모델의 표현력이 충분히 크면 가까워진다는 것을 보증할 수 있다고 생각할 수 있다. 이 가정에 근거해서 DDPM과 마찬가지로 학습하고 표본을 추출할 때 σ를 조

정하면 보다 적은 스텝 수로 데이터를 추출할 수 있다.

이상을 정리하면 DDIM은 DDPM 혹은 확산 모델의 목적함수를 이용해서 학습하고 표본추출만 다른 방법을 사용한다.

먼저 잡음이 포함된 관측 데이터 $\mathbf{x}_t$로부터 잡음이 제거된 표본 $\mathbf{x}_0$를 예측한다. 다음으로 이 $\mathbf{x}_0$를 사용해서 확산 과정 $q_\sigma(\mathbf{x}_{t-1}|\mathbf{x}_t, \mathbf{x}_0)$의 사후확률분포를 추정하는 것을 생각해보자.

$$\begin{aligned} q_\sigma(\mathbf{x}_t|\mathbf{x}_0) = \mathcal{N}(\sqrt{\bar{\alpha}_t}\mathbf{x}_0, \bar{\beta}_t\mathbf{I}) \\ \mathbf{x}_t = \sqrt{\bar{\alpha}_t}\mathbf{x}_0 + \sqrt{\bar{\beta}_t}\,\epsilon, \quad \epsilon \sim \mathcal{N}(\mathbf{0}, \mathbf{I}) \\ \mathbf{x}_0 = \frac{1}{\sqrt{\bar{\alpha}}}(\mathbf{x}_t - \sqrt{\bar{\beta}_t}\,\epsilon) \end{aligned}$$

이것을 바탕으로 디노이징 함수를

$$f^{(t)}(\mathbf{x}_t;\theta) := \frac{1}{\sqrt{\bar{\alpha}}}(\mathbf{x}_t - \sqrt{\bar{\beta}_t}\,\epsilon^{(t)}(\mathbf{x}_t;\theta))$$

로 나타내기로 한다. 그리고 생성 과정을 다음과 같이 정의한다.

$$p^{(t)}(\mathbf{x}_{t-1}|\mathbf{x}_t;\theta) = \begin{cases} \mathcal{N}(f^{(1)}(\mathbf{x}_1;\theta), \sigma_1^2\mathbf{I}) & (t=0\text{인 경우}) \\ q_\sigma(\mathbf{x}_{t-1}|\mathbf{x}_t, f^{(t)}(\mathbf{x}_t;\theta)) & (\text{그 외의 경우}) \end{cases}$$

이 생성 과정으로부터 표본을 추출해보자.

$$\mathbf{x}_{t-1} = \sqrt{\bar{\alpha}_{t-1}} \underbrace{\left(\frac{\mathbf{x}_t - \sqrt{\bar{\beta}_t}\epsilon^{(t)}(\mathbf{x}_t;\theta)}{\sqrt{\bar{\alpha}_t}} \right)}_{\text{예측된 } \mathbf{x_0}} + \underbrace{\sqrt{\bar{\beta}_{t-1} - \sigma_t^2} \cdot \epsilon^{(t)}(\mathbf{x}_t;\theta)}_{\mathbf{x}_t \text{로의 방향}} + \underbrace{\sigma_t \epsilon_t}_{\text{무작위 잡음}}$$

여기서 특수한 사례로서, 모든 t에서 $\sigma_t = 0$으로 하고 확산 과정으로 $\mathbf{x}_{t-1}$, $\mathbf{x}_0$가 주어진다면 임의의 잡음은 사라지고 결정론적 과정이 된다.

이 DDIM은 DDPM을 이용한 표본추출에 비해 적은 횟수로 표본을 추출할 수 있는 것으로 보고되었으나 왜 고속화할 수 있는지는 알지 못했다.

그 후에 DDIM은 데이터 분포가 데이터가 하나밖에 없는 델타 분포의 경우에 표본을 추출하는 경로상에서는 참의 점수 함수에 대응하는 디노이징 함수는 상수라는 것이 알려졌다. 이 경로상에서는 진행하는 방향은 일정하며 한 번의 표본추출로 복원할 수 있다. 그리고 그 경우에 복원 경로가 DDIM의 복원 경로와 일치하는 것도 보였다[52]. 즉 DDIM은 델타 분포에서 디노이징 함수가 정확하다면 한 번의 표본추출로 정확하게 디노이징할 수 있다.

실제 생성 대상 데이터는 델타 분포는 아니지만 저차원 다양체상에 분포하고 있다고 가정하면 확산 과정의 데이터 점과 가까운 곳에 비슷한 이론이 성립한다는 것을 보일 수 있고, 그 점들 사이에서는 디노이징 함수가 일정하게 된다는 것을 보일 수 있다. 이러한 경우 DDIM은 적은 표본추출 횟수로도 이산화 오차는 작고 표본을 정확하게 복원할 수 있다. 이것이 DDIM이 적은 표본추출 횟수로도 고품질의 표본을 얻을 수 있는 이유 중 하나라고 생각할 수 있다.

A.6 역확산 과정의 확률미분방정식 증명

데이터 분포로부터 사전분포를 향해서 변화해가는 확산 과정 SDE가 주어졌을 때 역확산 과정 SDE를 도출하는 증명[16]을 설명한다.

SDE에 의한 콜모고로프 전진 방정식(포커르-플랑크 방정식)과 콜모고로프 후진 방정식을 사용해서 증명한다. 콜모고로프 전진/후진 방정식 자체의 증명은 확률미분방정식 교과서[14][15] 등을 참고하기를 바란다.

증명

간단하게 하기 위해서 변수가 스칼라값인 SDE를 생각해보자.

$$\mathrm{d}x_t = \mu(x_t)\mathrm{d}t + \sigma(t)\mathrm{d}w$$

또 추세 계수는 입력에만 의존하고(본문에서는 $\mu(x_t) = f(t)\mathbf{x}_t$인 경우) 확산 계수는 시간에만 의존하는 것으로 한다.

이 SDE를 시간 $t = 0 \to 1$까지 움직였을 때의 각 시간의 주변분포 $p(x_t)$와 동일한 주변분포 $p(x_t)$를 가지고 역방향 시간으로 진행하는 SDE는 다음과 같다.

$$\mathrm{d}x_t = \left(-\mu(x_t) + \sigma(t)^2 \partial_{x_t} \log p(x_t)\right) \mathrm{d}t + \sigma(t)\mathrm{d}\tilde{w}$$

여기서 시간 $t = 1 \to 0$이고 $\tilde{w}$는 시간 t에서 0까지 역방향으로 진행했을 때의 표준 위너 과정이며 dt는 역방향 무한소 스텝이다.

이 역방향 시간으로 진행하는 SDE를 사용해서 완전한 잡음으로부터 데이터 분포에서의 표본을 얻을 수 있다.

확률분포 $p(x_t)$가 어떻게 시간 발전해가는지 나타내는 콜모고로프 전진 방정식(포커르-플랑크 방정식)은 다음과 같다.

$$\partial_t p(x_t) = -\partial_{x_t}[\mu(x_t)p(x_t)] + \frac{1}{2}\partial_{x_t}^2[\sigma(t)^2 p(x_t)]$$

또, 콜모고로프 후진 방정식은 $s \geq t$에서 다음과 같이 정의된다.

$$-\partial_t p(x_s|x_t) = \mu(x_t)\partial_{x_t} p(x_s|x_t) + \frac{1}{2}\sigma(t)^2 \partial_{x_t}^2 p(x_s|x_t)$$

여기서부터의 증명에서는 $s \geq t$에서의 동시 확률 $p(x_s, x_t)$에 대한 시간 미분의 식을 변형해서 역방향 시간의 콜모고로프 전진 방정식 형태로 변환하고 거기에서 역방향 시간 SDE를 도출한다.

$s \geq t$에서의 동시 확률 $p(x_s, x_t)$은 다음이 성립한다.

$$p(x_s, x_t) = p(x_s|x_t)p(x_t)$$

이 식의 양변에 -1을 곱하고 t에 대해 편미분을 하면

$$\begin{aligned}
-\partial_t p(x_s, x_t) &= -\partial_t [p(x_s|x_t)p(x_t)] \\
&= \underbrace{-\partial_t p(x_s|x_t)}_{\text{KBE}} p(x_t) - p(x_s|x_t) \underbrace{\partial_t p(x_t)}_{\text{KFE}} \\
&= \left(\mu(x_t) \underbrace{\partial_{x_t} p(x_s|x_t)}_{(1)} + \frac{1}{2}\sigma(t)^2 \partial_{x_t}^2 p(x_s|x_t) \right) p(x_t) \\
&\quad + p(x_s|x_t) \left(\underbrace{\partial_{x_t}[\mu(x_t)p(x_t)]}_{(2)} - \frac{1}{2}\partial_{x_t}^2 [\sigma(t)^2 p(x_t)] \right)
\end{aligned}$$

가 된다. 위 식의 (1), (2)는 각각 다음과 같이 전개된다.

$$(1):\ \partial_{x_t} p(x_s|x_t) = \partial_{x_t}\left[\frac{p(x_s, x_t)}{p(x_t)}\right]$$
$$= \frac{\partial_{x_t} p(x_s, x_t) p(x_t) - p(x_s, x_t)\partial_{x_t} p(x_t)}{p(x_t)^2}$$
$$= \frac{\partial_{x_t} p(x_s, x_t)}{p(x_t)} - \frac{p(x_s, x_t)\partial_{x_t} p(x_t)}{p(x_t)^2}$$

$$(2):\ \partial_{x_t}[\mu(x_t)p(x_t)] = \partial_{x_t}\mu(x_t)p(x_t) + \mu(x_t)\partial_{x_t} p(x_t)$$

(1), (2)를 앞의 식에 대입하면 다음과 같다.

$$\begin{aligned}
&-\partial_t p(x_s, x_t) \\
&= \mu(x_t)\left(\frac{\partial_{x_t} p(x_s, x_t)}{\cancel{p(x_t)}} - \frac{p(x_s, x_t)\partial_{x_t} p(x_t)}{p(x_t)^{\cancel{2}}}\right)\cancel{p(x_t)} \\
&\quad + p(x_s|x_t)\partial_{x_t}\mu(x_t)p(x_t) + p(x_s|x_t)\mu(x_t)\partial_{x_t} p(x_t) \\
&\quad + \frac{1}{2}\sigma(t)^2\partial^2_{x_t} p(x_s|x_t)p(x_t) - \frac{1}{2}p(x_s|x_t)\partial^2_{x_t}[\sigma(t)^2 p(x_t)] \\
&= \mu(x_t)\left(\partial_{x_t} p(x_s, x_t) - \frac{p(x_s, x_t)\partial_{x_t} p(x_t)}{p(x_t)}\right) \\
&\quad + p(x_s|x_t)\partial_{x_t}\mu(x_t)p(x_t) + p(x_s|x_t)\mu(x_t)\partial_{x_t} p(x_t) \\
&\quad + \frac{1}{2}\sigma(t)^2\partial^2_{x_t} p(x_s|x_t)p(x_t) - \frac{1}{2}p(x_s|x_t)\partial^2_{x_t}[\sigma(t)^2 p(x_t)] \\
&= \mu(x_t)\left(\partial_{x_t} p(x_s, x_t) - \cancel{p(x_s|x_t)\partial_{x_t} p(x_t)}\right) \\
&\quad + p(x_s|x_t)\partial_{x_t}\mu(x_t)p(x_t) + \cancel{p(x_s|x_t)\mu(x_t)\partial_{x_t} p(x_t)} \\
&\quad + \frac{1}{2}\sigma(t)^2\partial^2_{x_t} p(x_s|x_t)p(x_t) - \frac{1}{2}p(x_s|x_t)\partial^2_{x_t}[\sigma(t)^2 p(x_t)] \\
&= \underbrace{\mu(x_t)\partial_{x_t} p(x_s, x_t) + p(x_s, x_t)\partial_{x_t}\mu(x_t)}_{\text{곱의 미분법칙: } \partial_{x_t}[\mu(x_t)p(x_s, x_t)]} + \frac{1}{2}\sigma(t)^2\partial^2_{x_t} p(x_s|x_t)p(x_t) \\
&\quad - \frac{1}{2}p(x_s|x_t)\partial^2_{x_t}[\sigma(t)^2 p(x_t)] \\
&= \partial_{x_t}[\mu(x_t)p(x_s, x_t)] + \underbrace{\frac{1}{2}\sigma(t)^2\partial^2_{x_t} p(x_s|x_t)p(x_t) - \frac{1}{2}p(x_s|x_t)\partial^2_{x_t}[\sigma(t)^2 p(x_t)]}_{A}
\end{aligned}$$

다음 목표는 $\partial_{x_t}^2$를 정리하는 것이다. 2차 편미분의 항을 정리할 수 있도록 A에 몇 가지 추가하면 다음과 같이 $\partial_{x_t}^2$로 정리할 수 있다.

$$\begin{aligned}
&A+p(x_s|x_t)\partial_{x_t}^2[\sigma(t)^2 p(x_t)]+\partial_{x_t}p(x_s|x_t)\partial_{x_t}[p(x_t)\sigma(t)^2] \\
&\quad=\frac{1}{2}\partial_{x_t}^2 p(x_s|x_t)p(x_t)\sigma(t)^2+\partial_{x_t}p(x_s|x_t)\partial_{x_t}[p(x_t)\sigma(t)^2] \\
&\qquad+\frac{1}{2}p(x_s|x_t)\partial_{x_t}^2[p(x_t)\sigma(t)^2] \\
&\quad=\frac{1}{2}\partial_{x_t}^2[p(x_s|x_t)p(x_t)\sigma(t)^2]
\end{aligned}$$

위 식을 A로 정리해서 앞의 식 A에 대입하면

$$\begin{aligned}
&-\partial_t p(x_s,x_t) \\
&\quad=\partial_{x_t}[\mu(x_t)p(x_s,x_t)]+\frac{1}{2}\partial_{x_t}^2[p(x_s|x_t)p(x_t)\sigma(t)^2] \\
&\qquad-\underbrace{p(x_s|x_t)\partial_{x_t}^2[\sigma(t)^2 p(x_t)]-\partial_{x_t}p(x_s|x_t)\partial_{x_t}[p(x_t)\sigma(t)^2]}_{\text{곱의 미분법칙: } \partial_{x_t}[p(x_s|x_t)\partial_{x_t}[\sigma(t)^2 p(x_t)]]} \\
&\quad=\partial_{x_t}[\mu(x_t)p(x_s,x_t)]+\frac{1}{2}\partial_{x_t}^2[p(x_s|x_t)p(x_t)\sigma(t)^2] \\
&\qquad-\partial_{x_t}[p(x_s|x_t)\partial_{x_t}[\sigma(t)^2 p(x_t)]] \\
&\quad=\partial_{x_t}[\mu(x_t)p(x_s,x_t)-p(x_s|x_t)\partial_{x_t}[\sigma(t)^2 p(x_t)]]+\frac{1}{2}\partial_{x_t}^2[p(x_s|x_t)p(x_t)\sigma(t)^2] \\
&\quad=\partial_{x_t}\left[p(x_s,x_t)\left(\mu(x_t)-\frac{1}{p(x_t)}\partial_{x_t}[\sigma(t)^2 p(x_t)]\right)\right]+\frac{1}{2}\partial_{x_t}^2[p(x_s,x_t)\sigma(t)^2] \\
&\quad=-\partial_{x_t}\left[p(x_s,x_t)\left(-\mu(x_t)+\frac{1}{p(x_t)}\partial_{x_t}[\sigma(t)^2 p(x_t)]\right)\right]+\frac{1}{2}\partial_{x_t}^2[p(x_s,x_t)\sigma(t)^2]
\end{aligned}$$

이 동시 확률 $p(x_s,\ x_t)$에 대해서 라이프니츠의 적분 정리로부터 ∂_t에 영향을 주지 않은 채로 x_s에 대해서 적분하면 x_s를 주변화 소거할 수 있다. 이로부터 다음 식을 얻는다.

$$-\partial_t p(x_t)=-\partial_{x_t}\left[p(x_t)\left(-\mu(x_t)+\frac{1}{p(x_t)}\partial_{x_t}[\sigma(t)^2 p(x_t)]\right)\right]+\frac{1}{2}\partial_{x_t}^2[p(x_t)\sigma(t)^2]$$

$\tau = 1 - t$로 변수변환하면

$$
\begin{aligned}
-\partial_t p(x_t) &= \partial_\tau p(x_{1-\tau}) \\
&= -\partial_{x_{1-\tau}} \left[p(x_{1-\tau}) \left(-\mu(x_{1-\tau}) + \frac{1}{p(x_{1-\tau})} \partial_{x_{1-\tau}} [\sigma(1-\tau)^2 p(x_{1-\tau})] \right) \right] \\
&\quad + \frac{1}{2} \partial^2_{x_{1-\tau}} [p(x_{1-\tau}) \sigma(1-\tau)^2]
\end{aligned}
$$

이다. 이 식은 콜모고로프 전진 방정식과 같은 형태를 하고 있으며 $x_{1-\tau} = u_\tau$라고 하면,

$$
\mathrm{d}u_\tau = \left(-\mu(u_\tau) + \frac{1}{p(u_\tau)} \partial_{u_\tau} [\sigma(\tau)^2 p(u_\tau)] \right) \mathrm{d}\tau + \sigma(\tau) \mathrm{d}\tilde{w}_\tau
$$

라는 SDE가 된다.

$\sigma(\tau)$는 입력에 의존하지 않기 때문에 밖으로 나올 수 있고 또 $\partial \log p(x) = \frac{\partial p(x)}{p(x)}$이라는 관계를 사용해서

$$
\begin{aligned}
\mathrm{d}u_\tau &= \left(-\mu(u_\tau) + \frac{\sigma(\tau)^2}{p(u_\tau)} \partial_{u_\tau} p(u_\tau) \right) \mathrm{d}\tau + \sigma(\tau) \mathrm{d}\tilde{w}_\tau \\
\mathrm{d}u_\tau &= \left(-\mu(u_\tau) + \sigma(\tau)^2 \partial_{u_\tau} \log p(u_\tau) \right) \mathrm{d}\tau + \sigma(\tau) \mathrm{d}\tilde{w}_\tau
\end{aligned}
$$

를 얻을 수 있다. (증명 끝)

A.7 비가우스 잡음에 의한 확산 모델

이 책에서는 가우스 잡음을 확산 과정에 이용하는 모델을 소개했다. 가우스 잡음을 사용하면 임의 시간에서의 교란 후의 주변분포 $p(\mathbf{x}_t|\mathbf{x}_0)$를 해석적으로 구할 수 있다는 우수한 성질이 있으나, 가우스 잡음 이외의 것을 확산 과정에 사용하는 모델도 제안되었다.

예를 들어 Cold Diffusion[53]은 가우스 잡음 대신 블러, 다운샘플링, 마스킹 등 이미지

를 열화시키는 조작을 확산 과정으로 보고 이것을 이용하여 복원하는 과정을 학습하면 생성 모델을 학습할 수 있음을 보여주었다. 한편 이런 방법으로 학습된 모델의 생성 품질은 현시점에서는 가우스 잡음을 확산 과정에 사용한 모델보다는 떨어지는 것으로 보고되고 있다.

또 데이터에 직접 잡음을 추가하는 것이 아니라 보조변수를 추가하고 그 보조변수에 잡음을 추가하면 그 보조변수가 속도를 나타내서 데이터를 파괴하는 Critically-Damped Langevin Diffusion[54]이 제안되었다. 이 경우 데이터 분포의 점수를 추정하는 대신에 훨씬 간단한 데이터 조건부의 속도 분포를 추정하는 것이기 때문에 학습이 쉬워질 것으로 기대된다.

확산 과정은 데이터 생성 과정의 반대 과정이므로 만약 데이터의 생성 과정을 잘 표현할 수 있고 이것을 효율적으로 파괴하는 확산 과정을 정의할 수 있다면, 일반화 성능을 개선하고 효율적으로 학습할 수 있을 것으로 생각할 수 있다.

한편 이렇게 다른 확산 과정을 이용할 때는 생성 모델의 성질에 여러 가지 보증을 할 수 없으며 실제 어떤 성질이 있는지에 모르는 부분이 많다.

A.8 Analog Bits: 이산 변수 확산 모델

이 책에서는 연속 데이터를 생성 대상으로 하는 확산 모델을 중심으로 소개했다. 여기에서는 이산 데이터를 생성하는 Analog Bits[55]를 소개한다.

기본적인 아이디어는 이산 데이터를 이진 코드로 나타내고 그 이진 코드를 연속 확산 모델로 부호화하는 것이다. 아주 단순한 접근으로 보이지만 연속 데이터에 대한 확산 모델이 강력하다면 이진 코드도 정확하게 복원할 수 있을 것이라는 고찰 아래 만들어졌다.

예를 들어 이산값 5를 부호화하는 경우를 생각해보자. 먼저 이것을 이진 코드 0101_2로 나타낸다. 왼쪽에서 오른쪽으로 최상위 bit에서 최하위 bit로 나열한다. 다음으로 이진 코드의 0을 1.0으로 1을 +1.0으로 변환한다. 앞의 코드 0101_2는 차원 수가 4인 벡터 [−1.0, +1.0, −1.0, +1.0]으로 변환된다. 이것을 목표로 하여 연속 데이터를 다루는 확산 모델로 학습한다.

그리고 생성할 때는 확산 모델이 값을 생성한다. 확산 모델은 연속 데이터라고 생각하여 생성하므로 생성 과정에는 잡음도 포함되어 있다. 예를 들어 [−0.98, +1.03, −1.05, +0.98]과 같은 값이 생성된다. 이 값들을 0을 임곗값으로 0과 1로 변환하여 0101_2을 얻은 후에 원래의 5로 복원한다.

Analog Bits는 이진 코드로 나타내기 때문에 큰 이산값도 비트 수는 적고(예를 들어 100만까지는 20 bit의 이산값으로 표현할 수 있으므로 20차원의 연속 벡터로 표현할 수 있다), 병렬로 생성할 수 있으므로 효율적으로 학습 추론할 수 있다.

실험에서는 Analog Bits는 이미지의 픽셀값을 이산화(각각 0~255의 값으로 이산화)하거나, 이미지를 조건으로 하여 텍스트를 생성하는 과제에서도 효율적으로 학습할 수 있는 것으로 나타났다.

참고 문헌

[1] 岡野原大輔, ディープラーニングを支える技術 ―「正解」を導くメカニズム[技術基礎]. 技術評論社, 2022.

[2] 岡野原大輔, ディープラーニングを支える技術〈2〉ニューラルネットワーク最大の謎. 技術評論社, 2022.

[3] M. Welling and Y. W. Teh, Bayesian Learning via Stochastic Gradient Langevin Dynamics. In Proc. ICML, 2011.

[4] A. Hyvärinen, Estimation of Non-Normalized Statistics by Score Matching. *Journal of Machine Learning Research*, 6 (24): 695 709, 2005.

[5] P. Vincent, A Connection Between Score Matching and Denoising Autoencoder. *Neural Computation*, 23 (7): 1661 1674, 2011.

[6] D. P. Kingma and Y. LeCun, Regularized Estimation of Image Statistics by Score Matching. In Proc. NIPS, 2010.

[7] J. Deasy et al., Heavy-Tailed Denoising Score Matching. arXiv:2112.09788.

[8] T. Karras et al., Elucidating the Design Space of Diffusion-Based Generative Models. In Proc. NeurIPS, 2022.

[9] Y. Song and S. Ermon, Generative Modeling by Estimating Gradients of the Data Distribution. In Proc. NeurIPS, 2019.

[10] Y. Song and S. Ermon, Improved Techniques for Training Score-Based Generative Models. In Proc. NeurIPS, 2020.

[11] J. Sohl-Dickstein et al., Deep Unsupervised Learning using Nonequilibrium Thermodynamics. In Proc. ICML, 2015.

[12] J. Ho et al., Denoising Diffusion Probabilistic Models. In Proc. NeurIPS, 2020.

[13] W. Feller., On the Theory of Stochastic Processes, with Particular Reference to Applications. *Berkeley Symposium on Mathematical Statistics and Probability*, 1: 403 432, 1949.

[14] B. エクセンダール, 確率微分方程式—入門から応用まで. 谷口説男訳, 丸善出版, 2012.

[15] S. Särkkä and A. Solin, *Applied Stochastic Differential Equations*. Cambridge University Press, 2019.

[16] B. D. O. Anderson, Reverse-Time Diffusion Equation Models. *Stochastic Processes and their Applications*, 12 (3): 313 326, 1982.

[17] C.-W. Huang et al., A Variational Perspective on Diffusion-Based Generative Models and Score Matching. In Proc. NeurIPS, 2021.

[18] Y. Song et al., Maximum Likelihood Training of Score-Based Diffusion Models. In Proc. NeurIPS, 2021.

[19] R. T. Q. Chen et al., Neural Ordinary Differential Equations. In Proc. NeurIPS, 2018.

[20] J. Skilling, The Eigenvalues of Mega-Dimensional Matrices. In *Maximum Entropy and Bayesian Methods*, pp. 455 466, Springer, 1989.

[21] M. F. Hutchinson, A Stochastic Estimator of the Trace of the Influence Matrix for Laplacian Smoothing Splines. *Communications in Statistics-Simulation and Computation*, 19 (2): 433 450, 1990.

[22] B. Jing et. al., Torsional Diffusion for Molecular Conformer Generation. In Proc. NeurIPS, 2022.

[23] G. E. Hinton, Training Products of Experts by Minimizing Contrastive Divergence. *Neural Computation*, 14 (8): 1771 1800, 2002.

[24] P. Dhariwal and A. Nichol, Diffusion Models Beat GANs on Image Synthesis. arXiv:2105.05233.

[25] J. Ho and T. Salimans, Classifier-Free Diffusion Guidance. arXiv:2207.12598.

[26] R. Rombach et al., High-Resolution Image Synthesis with Latent Diffusion Models. In Proc. CVPR, 2022.

[27] B. Jing et al., Subspace Diffusion Generative Models. arXiv:2205.01490.

[28] M. Xu et al., GeoDiff: a Geometric Diffusion Model for Molecular Conformation Generation. In Proc. ICLR, 2022.

[29] E. Hoogeboom et al., Equivariant Diffusion for Molecule Generation in 3D. arXiv:2203.17003.

[30] A. Ramesh et al., Hierarchical Text-Conditional Image Generation with CLIP Latents. arXiv:2204.06125.

[31] C. Saharia et al., Photorealistic Text-to-Image Diffusion Models with Deep Language

Understanding. arXiv:2205.11487.

[32] https://midjourney.com/

[33] J. Wolleb et al., The Swiss Army Knife for Image-to-Image Translation: Multi-Task Diffusion Models. arXiv:2204.02641.

[34] C. Saharia et al., Image Super-Resolution via Iterative Refinement. arXiv:2104.07636.

[35] C. Saharia et al., Palette: Image-to-Image Diffusion Models. arXiv: 2111.05826.

[36] H. Chung et al., Come-Closer-Diffuse-Faster: Accelerating Conditional Diffusion Models for Inverse Problems through Stochastic Contraction. In Proc. CVPR, 2022.

[37] H. Chung et al., Improving Diffusion Models for Inverse Problems using Manifold Constraints. In Proc. NeurIPS, 2022.

[38] J. Ho et al., Video Diffusion Models. In Proc. NeurIPS, 2022.

[39] K. Preechakul et al., Diffusion Autoencoders: Toward a Meaningful and Decodable Representation. In Proc. CVPR, 2022.

[40] S. Kim et al., Guided-TTS 2: A Diffusion Model for High-quality Adaptive Text-to-Speech with Untranscribed Data. arXiv:2205.15370.

[41] N. Chen et al., WaveGrad: Estimating Gradients for Waveform Generation. In Proc. ICLR, 2021.

[42] Z. Kong et al., DiffWave: A Versatile Diffusion Model for Audio Synthesis. In Proc. ICLR, 2021.

[43] N. Chen et al., WaveGrad 2: Iterative Refinement for Text-to-Speech Synthesis. In Proc. INTERSPEECH, 2021.

[44] M. Xu et al., GeoDiff: a Geometric Diffusion Model for Molecular Conformation Generation. In Proc. ICLR, 2022.

[45] E. Hoogeboom et al., Equivariant Diffusion for Molecule Generation in 3D. In Proc. ICML, 2022.

[46] T. Xie et al., Crystal Diffusion Variational Autoencoder for Periodic Material Generation. In Proc. ICLR, 2022.

[47] F. Wu et al., A Score-based Geometric Model for Molecular Dynamics Simulations. arXiv:2204.08672v1.

[48] B. L. Trippe et al., Diffusion probabilistic modeling of protein backbones in 3D for the motif-scaffolding problem. arXiv:2206.04119.

[49] W. Nie et al., Diffusion Models for Adversarial Purification. In Proc. ICML, 2022.

[50] L. Theis and N. Yoscri, Algorithms for the Communication of Samples. In Proc. ICML, 2022.

[51] J. Song et al., Denoising Diffusion Implicit Models. In Proc. ICLR, 2021.

[52] Q. Zhang et al., gDDIM: Generalized denoising diffusion implicit models. arXiv:2206.05564.

[53] A. Bansal et al., Cold Diffusion: Inverting Arbitrary Image Transforms Without Noise. arXiv:2208.09392.

[54] T. Dockhorn et al., Score-Based Generative Modeling with Critically-Damped Langevin Diffusion. arXiv:2112.07068.

[55] T. Chen et al., Analog Bits: Generating Discrete Data using Diffusion Models with Self-Conditioning. arXiv:2208.04202.

[56] D. Kingma et al., Variational Diffusion Models. In Proc. NeurIPS, 2021.

찾아보기